# 蓮如［御文］読本

大谷暢順



講談社学術文庫

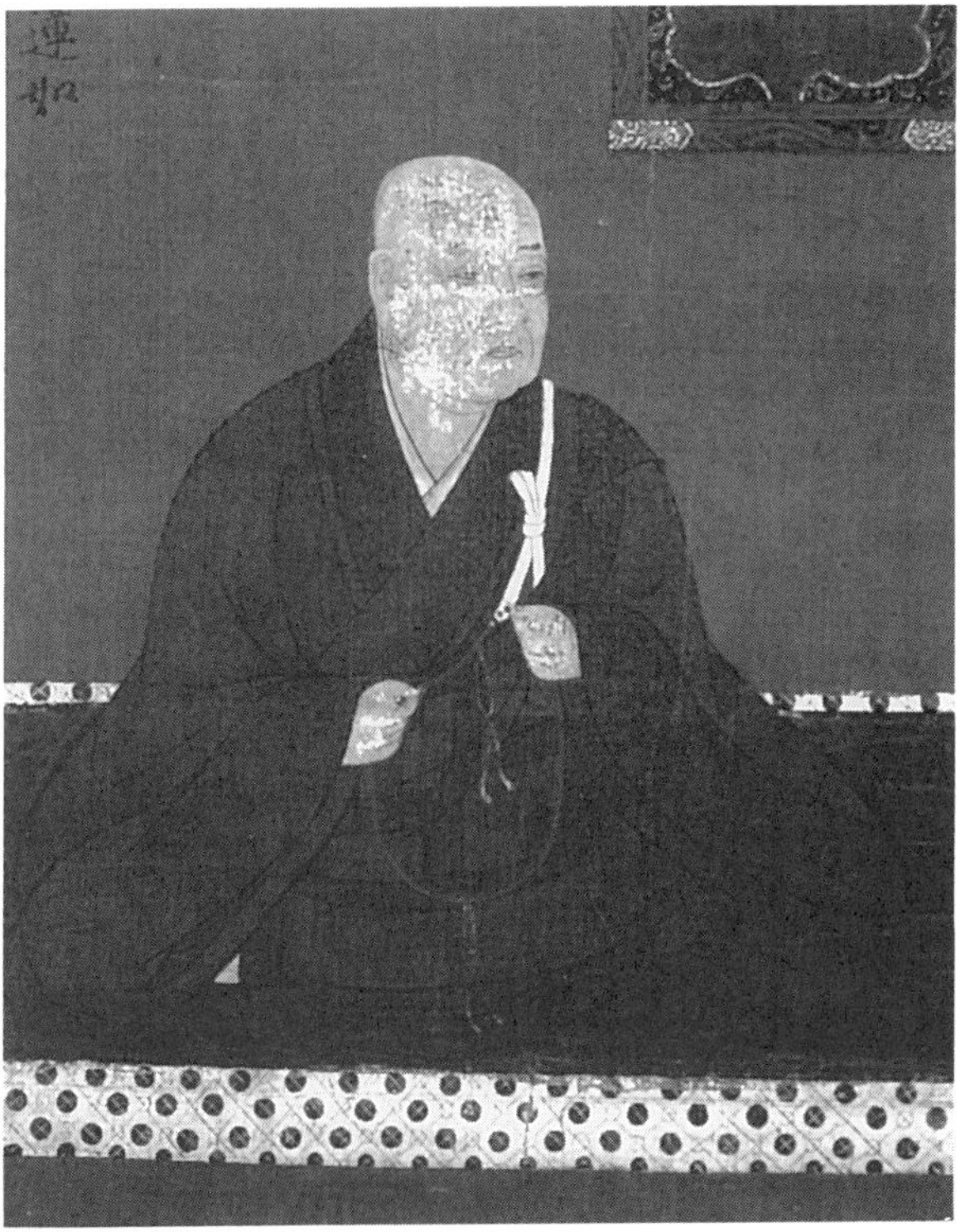

蓮如上人御影（京都市安居院西法寺所蔵「親鸞聖人・蓮如上人連座像」）

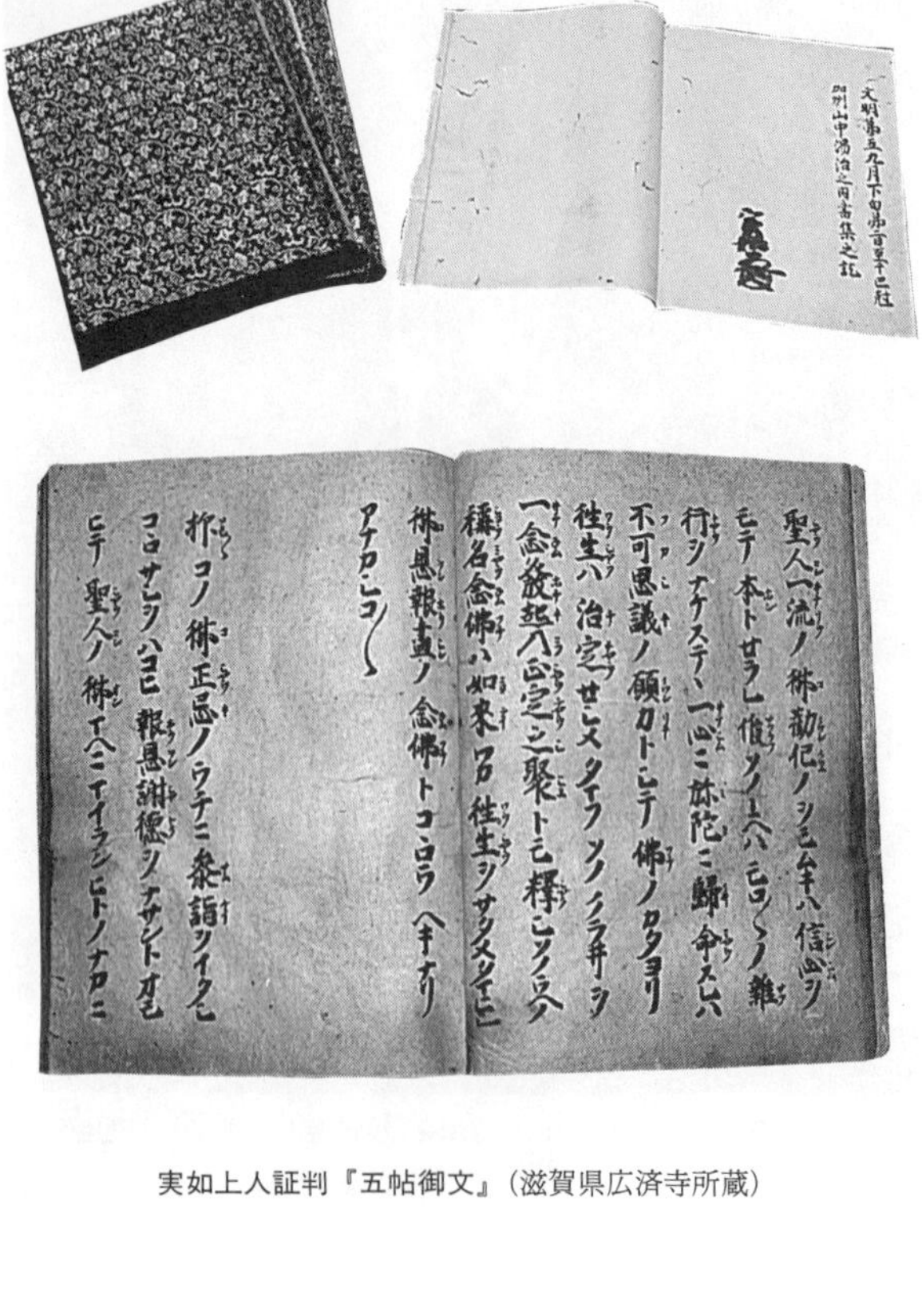

実如上人証判『五帖御文』（滋賀県広済寺所蔵）

蓮如上人筆「六字名号」(著者所蔵)

# まえがき

蓮如上人滅後《れんにょしょうにんめつご》、すでに五百年以上の年月が流れました。けれども、五帖御文《ごじょうおふみ》は、今日、なお、東西本願寺《ほんがんじ》門末《もんまつ》において、朝夕拝誦され続けています。これ偏《ひとえ》に上人の恩徳広大の所以《ゆえん》と存じます。

ところで、御文は誰にでも分かる、易《やさ》しい話言葉で書かれているとよく言われますが、はたしてそうでしょうか？　話言葉といっても、それは五百年前の言語であり、今の我々には馴染みのうすい表現が多く、また忘れ去られたり、当時と意味の変わってしまった単語もかなりあります。

それに夥《おびただ》しい数の佛教用語が、御文の中に散在しています。佛法が生活から相当縁遠い存在となった今日、蓮如上人在世中の人々より、我々にはそれだけ読みづらい原典となっています。

ですから、一読すればおおむね意味は通じるようではありますが、この著述と我々との間には、五百年の歴史の隔たりのある事を考慮して、文章の構成やら、語彙やらについて、一応の常識を持っておく必要があると思います。やはりこの書は、我が国古典の一つとして、室町末期・戦国の世の国文学の中に、正しく位置づけて読まれるべきでしょう。

また、御文は言うまでもなく、聖教《しょうぎょう》であります。話言葉であっても、それは日常会話ではありません。つまり信心の書なのですから、俗界の論理では、その真相に迫ることはできないでしょう。

ただ、一見、至って凡庸に感ぜられる話言葉で綴られていることから、内に秘められた教《おし》えの深さを見過ごされがちで、従来あまり評価されていないのは残念であります。

こう申します私自身、幼時より、常々拝誦されるのを耳にしつつ、寺に育ってきたのでしたが、特に御文に親しむ気持ちはありませんでした。

しかるところ、不思議な御縁から、御文に関して、フランス語で論文を書かなければならなくなり、この著作の偉大さににわかに感銘を与えられることとなりました。

論文は、パリー大学へ提出するためでしたが、それを書くとなると、御文の何通かは翻訳せねばならず、それには、原文を熟読する必要がありました。そして、文章の構成を的確に、文法的によく理解する、例えば、国語では、時に曖昧である、主語、述語、補語、主節、従属節の関係を明確にしておくべきでした。解説書や辞典などを机の上に並べて、それらと見較《みくら》べながら、原典を何回となく、納得が行くまで読み返しました。

初めの間、それは決して楽しいものではありませんでした。しかし、それを忍耐強く続けているうちに、忽然《こつぜん》として、文の字面《じづら》に隠れた、上人の領解《りょうげ》――と申しては僭越《せんえつ》かも知れませんが——佛法の偉容に接して、思わず襟を正しました。

この数年前の体験を、今度は日本語で表現してみたいと思って、筆を染めたのがこの拙文であります。御文は我が国の古典の一つとして、また佛教書として、熟読玩味されるべきであるという考えから、私はそれに〈現代語訳〉をし、それぞれの御文の〈由来〉を考え、本文を〈段落〉に分け、重要な言葉に〈語釈〉を施しました。

さらに、〈讃嘆《さんだん》〉という項を設けて、いわば文学的解読とでも言うべきものを試みました。それは、普通に読誦《どくじゅ》している時は、至極平板な散文と受け取れる文面に、実は説法の不思議なリズムが躍動しているのが、私には感じられたからです。その拍子に乗って、私は著者の信仰の鼓動を聞く感動を覚えるのです。

テクストとしましては、昭和六十年に編纂した『定本五帖御文』を用いました。

五帖御文全典では、あまりに大部となりますので、特に親しく読み慣わされている五帖目のみを取り上げましたが、それでもなおかなりの分量となるため、結局、ほぼその後半の十通に限って、今回は、対象原典とさせていただいた次第です。他の御文については、次の機会に読解したいと存じます。

参考文献として、杉紫《すぎし》朗《ろう》師の『御文章《ごぶんしょう》講話』、中村元先生編輯の『浄土三部経』『佛教語大辞典』等、多く依用《えよう》させていただきました。誦読《しょうどく》の煩《はん》を避けるため、引用箇所ごとに一々断り書きしませんでした事を、お許し願いたいと存じます。

なお、末筆ながら、本書が「学術文庫」に収められるに当たって、講談社の方々、就中《なかんずく》、福田信宏さんのお世話になったことに御礼申したいと存じます。

平成十二年暮

大谷暢順

# 目　次

# 凡例

(1) 底本について

本書における「御文」の引用は、『定本五帖御文』(河出書房新社、昭和六十年)による。なお、『定本五帖御文』は広済寺(滋賀県近江八幡市)所蔵の実如上人証判『五帖御文』を底本としている。

(2) 漢字表記について

漢字表記に関しては、多く使用されている異体字および旧字体は原則として常用漢字表の字体に変えたが、一部、実如本の字体や旧字体のままにしたものもある。

(3) 「无」について

実如本では、すべて「旡」を使用しているが、「旡」には「キ」と「ケ」の音しかない。後世「无」と改められ、現今の大谷派・本願寺派の拝読本は「无」が主に使用されている。「无」が正しいと思われるので、本書では「无」を用いることとした。

(4) 仮名表記について

実如本では漢字片仮名混じり文となっているが、現代の人に親しみやすく読みやすい表記ということを考慮して、漢字平仮名混じり文に変更した。

(5) なお、仮名表記について、なかには誤りであると思われるもの、また当時通用の表記を使用したものもあるが、今回、一部のものを除き、標準的な歴史的仮名遣いに改めた。実如本では、仮名表記に「モロ〱」「コ、ロ」のように、繰り返し記号が頻用されているが、「もろもろ」「こころ」という一般的な表記に改めた。

(6) 振り仮名について
実如本にはほぼすべての漢字に振り仮名が施されている。
その仮名表記についても(4)と同様な処理を施した。

(7) 原文の振り仮名と現代語訳・語釈の振り仮名の表記を変えたものがある。たとえば、原文では「念佛」は「ねんぶち」、「摂取」は「せふしゆ」となっているが、現代語訳・語釈では「ねんぶつ」「せっしゅ」とした。

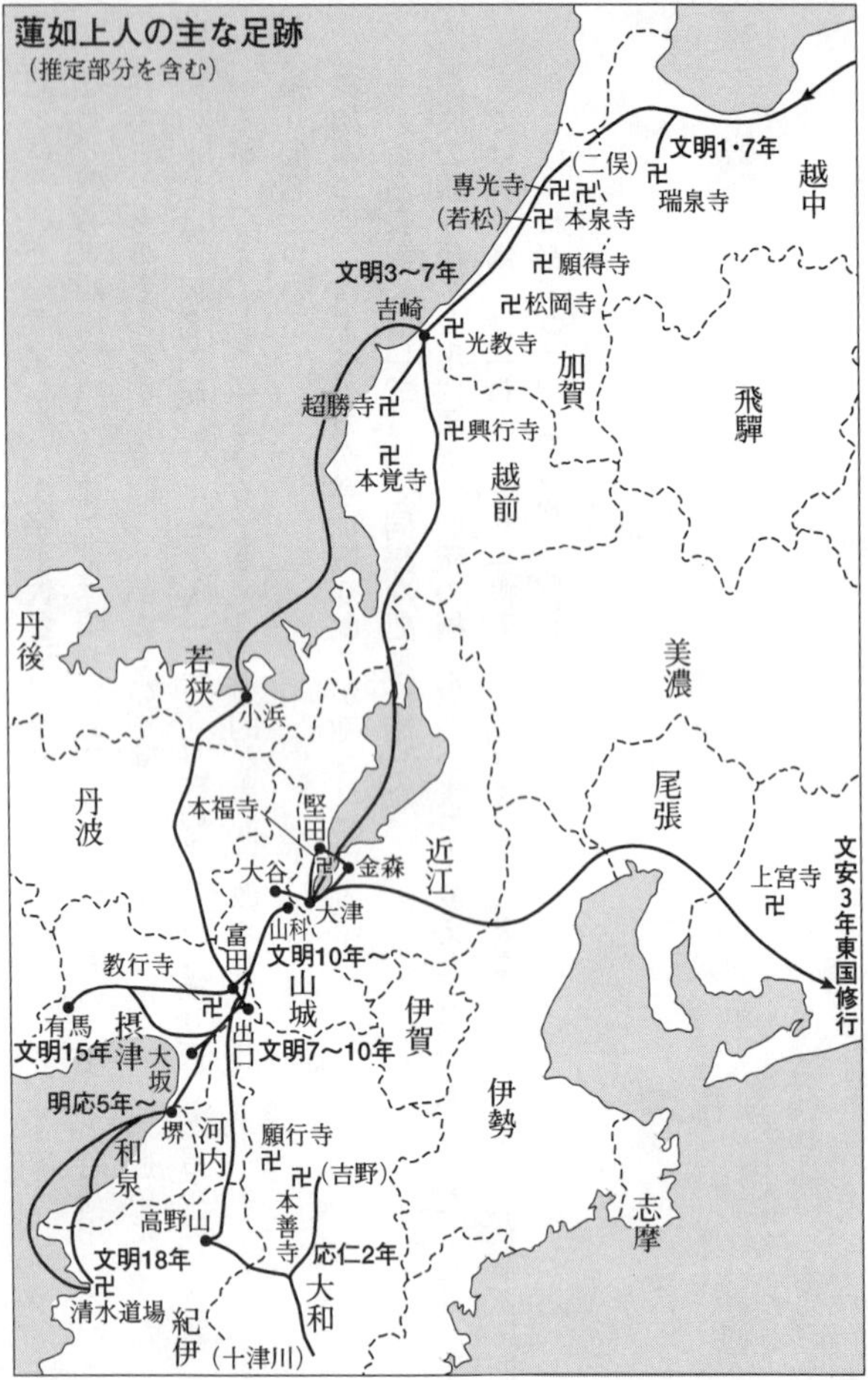

蓮如上人の主な足跡
（推定部分を含む）
文明1・7年
(二俣)
専光寺
瑞泉寺
越中
(若松)
本泉寺
願得寺
文明3～7年
松岡寺
吉崎
光教寺
加賀
飛騨
超勝寺
興行寺
本覚寺
越前
丹後
美濃
若狭
小浜
尾張
丹波
本福寺
堅田
近江
金森
文安3年東国修行
上宮寺
大谷
大津
山科
富田
文明10年～
教行寺
山城
伊賀
有馬
摂津
出口
文明15年
大坂
文明7～10年
明応5年～
堺
河内
伊勢
和泉
願行寺
(吉野)
本善寺
高野山
志摩
文明18年
応仁2年
清水道場
大和
紀伊
(十津川)

# 蓮如［御文］読本

# 五帖目第十通　聖人一流の章

聖人《しやうにん》一流《いちりう》の御勧化《ごくわんけ》のおもむきは、信心《しんじん》をもて、本《ほん》とせられ候《さうらふ》。そのゆゑは、もろもろの雑行《ざふぎやう》をなげすてて、一《いつ》心《しん》に弥陀《みだ》に帰命《きみやう》すれば、不可思議《ふかしぎ》の願力《ぐわんりき》として、佛《ぶち》のかたより、往生《わうじやう》は治定《ぢぢやう》せしめたまふ。そのくらゐを一念発《いちねんほつ》起《き》、入正定之聚《にふしやうぢやうしじゆ》とも釈《しやく》し、そのうへの称名《しようみやう》念佛《ねんぶち》は、如来《によらい》わが往生《わうじやう》をさだめたまひし御恩報尽《ごおんほうじん》の念佛《ねんぶち》とところうべきなり。あなかしこ、あなかしこ。

〈現代語訳〉

親鸞聖人《しんらんしようにん》の開かれた浄土真宗《じようどしんしゆう》で教化《きようけ》されていることの要旨としては、信心《しんじん》が根本となっています。言い換えれば、さまざまの雑行《ぞうぎよう》を投げ捨てて、一心《いつしん》に弥陀《みだ》の命に従えば、不可思議の願力《がんりき》というもので、み佛の側から、我々の往生《おうじよう》をおきめくださるということです。その〔ように往生のきまった〕ことを「一念《いちねん》の信心が起これば、その時、往生・成佛《じようぶつ》が決定《けつじよう》する正定聚《しようじようじゆ》の位に入《はい》る」などと、お経に基づいて註釈されたりしています。

このように往生のきまったうえでの称名念佛《しようみようねんぶつ》は、如来《によらい》が自分の往生をきめてくださったことへの御恩を報じ尽くす念佛と心得べきであります。

〈由来〉

五帖《ごじょう》八十通中最も短い御文《おふみ》ですが、教義の要旨が、簡潔鮮明に表現されているということで、古来、特別親しまれてきた聖教《しょうぎょう》の一つです。「聖人一流の」の語で始まるので、俗に「聖人一流の章」と呼ばれています。

ある言い伝えでは、これが蓮如上人《れんにょしょうにん》（以下、上人・蓮師・師とも略記）が最初に書いた御文であって、それについてわけがあるとのことです（『御文章来意鈔《ごぶんしょうらいいしょう》』）。

それによりますと、上人十七歳の時、一夜の夢に、気高い女性《にょしょう》が現われ、一流再興のためには、よく時と方便《ほうべん》とを考慮なさいと告げられた。目覚めた上人は、その女性が自分の母であったことに気づいた。

蓮師《れんし》四十三歳のある日（長禄《ちょうろく》元年／一四五七）、近江石山《おうみいしやま》の（現在、大津市）観音《かんのん》へ参詣《さんけい》すると、先年の夢の中と同じ婦人が御堂の奥から現われ、いよいよ衆生済度《しゅじょうさいど》の時機が到来しましたよと告げた。

さらに寛正《かんしょう》元年（一四六〇）、また夢の内に、どことも知れず、男女の大勢集まる道場に来ていたが、そこへ三度《みたび》同じ女性が出現し、参会者たちを指して、彼らを導くには、尼入《あまにゅう》道《どう》の用いる俗語で話し、子供でも分かるよう、仮名を使ってお書きなさいと教えた。そこで、上人は筆を執《と》って、この「聖人一流」の御文を綴り、母君と覚《おぼ》しき婦人に差し出すと、その人は御文を読んで、「これこそ凡夫往生《ぼんぶおうじょう》の鑑《かがみ》」とすっかり感心し、その一文を上座《じょうざ》に控《ひか》える者に与えた。

翌朝、道西《どうさい》という弟子が訪ねて来たが、これを見た蓮師は、彼が前夜の夢で、上座に坐っていた人であったのに気づいた。道西は金森《かねがもり》（現在、滋賀県守山市）の人で、蓮師の下向《げこう》を願いに来たのだった。彼の家へ行くと、そこも前夜の夢と同じ情景で、大勢の男女が集まっていた。上人は、夢の中での記憶をたどって、同文の御文を書き、道西に与えた——というのであります。

この人の建てた寺（善立寺）に伝わる『金森日記秘（抜）』には、「御文《おふみ》は、寛正の初《はじめ》の頃初《はじめ》て作り出して、あまた遊《あそば》されける」とあり、また、御文の第一作は道西が頂戴したとあります。しかし、それがはたして五帖目の第十通かどうかについては異論があります。

さて、お話の中で、三度も示現《じげん》する母君のことについて考えてみたいと思います。

初めに十七歳とありますが、これは上人得度《とくど》の年に当たるようです。次の四十三歳の年には父の存如《ぞんにょ》上人が遷化《せんげ》し、師は本願寺留守職《るすしき》を継ぎました。最後の寛正元年は、初めて御文を書き始めたとされている上人四十六歳の年であります。

そして、上人の母については、文献に左のように見えます（……と振り仮名は筆者）。

ある時仰《おほせ》に、わが御身の御母は西国の人なり、ときき及候《およびさうらふ》ほどに、空善《くうぜん》をたのみ、はりま《（播磨）》までなりともくだりたきなり。わが母は我身六ッの年にすてて行きかたしらざりしに、年はるか後に、備後《びんご》にあるよし、四条の道場よりきこえぬ。これによりてはりまへくだりたき、といひければ、空善はしりまはり造作し候よし候。命あらばひとたびくだりたきなり、と仰候《おほせさうらひ》き。（『空善聞書』）

蓮如上人の御母儀は……上人六歳のとき、我は是にあるべき身にあらずとて、応永二十七年十二月二十八日東山の御坊後《うし》ろの妻戸より唯一人はしり出給ひしが、行方しらず成《なり》給《たまふ》なり。

其比《そのころ》上人六歳の寿像を絵師に書《かか》せ、表褒衣《へうほうえ》までさせて、とりて出給ふ。我は九州豊後国のとも《（鞆カ）》と云《いふ》所の者なりとぞ宣《のたまひ》ける……上人御成人の後に人を下御尋《くだしおたづね》ありけれ共、左様の人ゆかりとてはなく、知《しり》たる事もなし、と申《まうし》ける。

……彼御母儀は東山の御坊にて例式女房達の様にぞおはしける、と人々語《かたり》あひけり。

（『蓮如上人仰条々』）

右によって知られるごとく、上人の母は存如のもとで侍女であったけれども、上人の六歳の時、絵師に上人の姿を描かせて、それを胸に、裏口からひそかに走り出て、そのまま行方をくらましたのです。これは父存如が内室を迎えることになったためで、その後、蓮師は継母の下で大変苦労するのですが、母は備後《びんご》（今の広島県。後の文書に「九州豊後《ぶんご》」とあるのはおそらく誤り）の鞆《とも》の津《つ》の人であるらしいということを、ずっと後になって聞き、それだけの情報をたよりに、成人の後、人を現地にやって探させたが、それらしい人の手がかりはまったくなく、そんな人のことは聞いたこともないと当地の人々は言っていた。存命なら訪ねて行きたいのだがと蓮師は悔んだというのです。

こういうわけで、幼少の時から上人は頼る人もなく、大変不遇な境遇にあったわけです。その また、成長とともに、本願寺の衰えているさまを次第に耐えがたく思うようになった。その当時の文献にも、本願寺のことを、「さびさびとすみておはします」（『本福寺由来記』）とありますが、参詣する人もなくさびれていた。そういう中にあって、将来本願寺の跡を継がなければならない自分として、なんとしても真宗を盛んにしなければという使命感に燃えた。ところが、現実を見ると、そこには父の存如《ぞんにょ》、それから祖父巧如《ぎょうにょ》も健在です。上人から見れば、二人ともに残念ながら一宗を興隆するだけの器量がない。

それはもどかしいことだったにちがいありません。ただ、親子の間のことですから、その辺はお互いに充分理解し合っていたでしょう。ところが、継母の如円《にょえん》の方は非常に大きな障害となった。彼女は上人になんとか功を立てさせないようにと、つねに警戒の目を光らせていた。というのは、如円尼自身に応玄《おうげん》という男の児が生まれたからです。尼は、なんとかこの子を跡取《あとと》りにしたいと画策し、蓮師のすることにいちいち邪魔立てをしたのです。上人は鬱勃《うつぼつ》たる気持ちを、がんじがらめになった現実の中でじっと抑えつけていなければなりませんでした。

　それから四十三歳までの蓮如の心境は、まったく想像に絶するものがあります。このことに思いを馳《は》せる人があまりないようで、私はそれを不思議に思うのですが、なにしろ人間の一生の中で一番血気旺《さか》んな時期です。しかも、その後あれだけの大事業を果たした偉大な上人が、どうやって、そのはやる心を自制できたか――それを思うとき、私はただ頭が下がるばかりです。

　あるいは、衆生《しゅじょう》教化のためには本願寺を離れてでも、というような考えも、時には起こったのではなかろうかと想像したりするのですが。それには、存如から譲 状《ゆずりじょう》を受けていたことが、思いとどまらせる結果になったのかななどと思います。

　ともかく、こんな忍耐がどうして可能であったか？　それは幼くして上人の許を去った母の面影に外《ほか》ならなかったと、ひそかに私は察するのです。夢を見たかどうか、それは分かりません。言い伝えは言い伝えとして、事実かどうかの問題ではなく、その意《こころ》をうかがえばよいと思います。

　さて、四十三歳の時に、またお告げがあって、いよいよこれから衆生済度《さいど》をお始めなさいという忠告を受けたというのですが、四十三歳と言いますと、今日ではまだ若いということになるでしょうが、この時代でしたらもう老年と考えてよろしいと思います。すでに一生が終わりかけの時代に、今さら、ということも言えましょうね。しかし、上人は立ち上がります。そして、一挙に教化活動が始まり、全国に教線が伸びる。今日では浄土真宗は日本中に広がっていて、東の方は尾張門徒《おわりもんと》とか三河《みかわ》門徒、北陸にも非常に大きな門徒の集団があり、西の方で安芸《あき》門徒など有名ですが、それらはほとんど全部、蓮如上人によってつくられました。

寛正元年ということになっている三遍《べん》目のお告げは、御文のできた由来を説明するものです。そして、俗語や仮名、つまり平易な文章で教えを説くのが最良の布教の道であると、母が上人に忠告したことになっています。

けれども、教化の方法ということについては、上人はずっと前から、おそらく得度して以来、熟慮黙考してきたに相違なく、御文はその長い熟慮の結晶だと思います。それではこの言い伝えはなんの意味もないかというと、必ずしもそうではなく、二十数年の長い思惟《しゆい》の月《つき》日《ひ》はつねに亡き母君の面影によって導かれて、それが最終的に御文製作という閃《ひらめ》きとなったと思われます。「時と方便を考えよ」とは実に貴重な忠告であります。俗に人間一生で立ち上がるチャンスが一度あると言われます。一度しかないかどうかは分かりませんが、「今だ」という機会がめったにないことは事実でしょう。

ところが、たいていの人はするべき時に何故か気おくれがして、あとずさりしたり、あるいは他のことを考えてぼんやりしていて、その大事な時機を逃してしまったりします。また、その反対に機が熟していないのにあせって乗り出していって、見事に失敗するというようなことになります。昔から、この立ち上がるべき機を摑《つか》んだ人は成功しているが、それを見過ごして失敗した人は数えきれないほどあります。豊臣秀吉や徳川家康のような人たちは、機を摑むことを知っていたのでしょう。

**機を摑む**

歴史を振り返ってみると、こんな例はいくつもありますが、今は一つ、天武《てんむ》天皇のことを考えてみましょう。我が国は万世一系の皇統を誇り、今日の天皇は百二十五代目になりますが、しかしその間には、摂関《せっかん》政治が行われたり、幕府があったりで、天皇自身が国を治められたことはほとんどありません。天武天皇は親政なさった数少ない歴代の一人です。それどころか、最も力強く政権を掌握し、日本の国を強力な統一国家に育て上げた君主と私は考えます。

初め大海人皇子《おおあまのおうじ》という名で、継子のなかった天智《てんじ》天皇の跡取りとして皇太弟《こうたいてい》と呼ばれていましたが、やがて天智天皇自身に大友皇子《おおとものおうじ》という男の子が誕生すると、天皇は急にこの方に位を譲りたくなります。その後大津に都を移すと、大友皇子を太政大臣《だいじょうだいじん》に任じ、大臣を数人その下につけて、にわかに大海人皇子を疎外《そがい》するようになります。

新しい都ではしばしば狩や酒宴が催されましたが、そういう会合に加わりながら、疎《うと》ぜられて鬱々《うつうつ》たる大海人皇子は、ある日、宴たけなわの時、かたわらの長槍を取っていきなり床に突き立てた。天皇は立腹し、剣を抜いて今にも皇子を刺そうとしたところ、藤原鎌足《ふじわらのかまたり》が急いでお止めしたので、幸いことなきをえたというようなことが歴史の本に出ています。

　それからまもなく、天智天皇は急に病気になられ、大海人皇子を枕許に呼び寄せます。ところが、急いで昇殿される皇子に額田女王《ぬかたのおおきみ》が声をかけられた。この方はかつて皇子と恋仲であったが、天皇が自分の愛妾にしてしまったといういきさつがあります。しかし、相変わらず皇子に心を寄せていた女王は、「もし天皇が皇位を譲ると仰せられたら、どうなさいますか？」と問う。そして、皇子の「それならば、謹んで命《めい》に従うばかりだ」という答えに対して、「それはいけません。位を譲ると言われてそれをお受けになったら、前から謀反心《むほんしん》があったと言いがかりをつけられて、お命にかかわります。その際はそれを辞退なさいませ」と諌《いさ》めたとの話です。大海人皇子が天智天皇のもとに行かれたところ、案の定《あんのじょう》、位《くらい》を譲るというお言葉であったので、「いや私はその器《うつわ》ではありません。ただちに吉野へ行って出家遁世したい」と言って、いとま乞いをして、大和《やまと》の吉野へ隠居された。その年の暮に天智天皇が亡くなり、大友皇子が大津京において位を継いで弘文《こうぶん》天皇となられる。

　しかし、その後、大津京の動静がどうもおかしいというので、大海人皇子は吉野から油断なく大津の情報を探っておられた。ある時《とき》家来が注進してきて、朝廷は天智天皇の御陵《みささぎ》を造ると称して美濃《みの》・尾張（岐阜県と愛知県）の民を集め、しかも彼らに武器を渡しているという。大海人皇子は身に危険の迫ったことを知り、このうえは自衛のために立ち上がるよりほかはないと決心する。

そこで、その日のうちに馬に乗り、おりからの梅雨《つゆ》でどしゃ降りの中を、昼夜を分かたずひたすら東へ向かって疾駆します。それが、敵方が自分を攻めるために集めた美濃・尾張の民を、そっくりそのまま味方の軍隊に組織するためだったのです。なんという大胆な計略でしょう。その民が近江《おうみ》へ向かった後だったら、もう駄目だったでしょう。また、たとえ出発前であっても、皇子方につくかどうかは、説得してみなければ分からなかったのです。しかし、天が味方したというか、彼らはみな皇子の徳望に靡《なび》きました。そして、その命に従って、不破《ふわ》、鈴鹿《すずか》の関から近江に進撃し、湖南、湖西から攻めて、一挙に大津京を陥《おとしい》れる。

大友皇子はいったん山前《やまざき》に逃れたが、もはやこれまでとそこで自ら命を断つ。

大海人皇子は大和浄御原《きよみがはら》に凱旋して、めでたく第四十代天武天皇となります。これが世に有名な壬申《じんしん》の乱であります。人生の勝負すべき時機をあやまたずとらえた好適例と言えましょう。前半生、皇太弟でありながら、不当に疎外されていた間はじっと隠忍自重《いんにんじちょう》して、朝廷からさえも離れた。しかし、いよいよという時に勇敢に立ち上がって、一挙に勝負を決したのです。

時を選ぶについては右のごとくですが、取った方法が、また、豪胆そのものです。大和をほとんど端から端まで横断して伊賀《いが》を抜けて伊勢《いせ》に赴《おもむ》く。その長路の強行軍につき従う者わずか三十人、なかには婦人も混じっていて武器を執《と》れる者はほんの数名だったとのことです。大津朝廷では、吉野を離れた皇子をただちに追跡すべしと進言した忠臣もありました。もしその策が用いられていたら、皇子の一行、ひとたまりもなかったでしょう。

ところが、大友皇子の方は全国の軍を集めて戦おうというわけで、吉備《きび》（今日の岡山県と広島県）、筑紫《つくし》（九州）へ使いを派遣した。しかし、それらの地方の国司たちは大海人皇子の方に心を寄せていたから朝廷の命に服さない。つまり、大津方は時と方法の選択をあやまったわけです。

逆に、大海人皇子の方は吉備・筑紫の兵を募ることはできたでしょうね。けれども、吉備や筑紫は遠隔の地でもあり、また、それぞれの国の中でも、布令《ふれい》を出して、一ヵ所、たとえば国府《こくふ》に彼らを集合させるのに何日もかかる。それに、武器・糧秣《りょうまつ》調達の問題もある。ところが、美濃・尾張だと、大友皇子がすでに集めて武器を渡してしまった軍隊がある。それを引っ張ってくればよい。その日のうちにその集団を戦場へ投入できる。

この大胆不敵な決断が大海人皇子の勝利を約束しました。皇子に決断力がなかったら、今日、国史の中に天武天皇という文字は存在しますまい。時と方法を知るのがどんなに大事か、これでお分かりでしょう。それは歴史の流れさえも変えるのです。

もちろん、誰しもそれは感じることで、ですから今日運勢を見るのがはやっていますね。おみくじとか、手相とか、姓名判断とか。あるいはコンピューターという手もあります。

しかし、蓮如上人において、その力は智恵から来ていたと思います。智恵というのは知識ではない。智恵は、つまり佛の智恵です。そして、その智恵は亡き母上のお慈悲の力が蓮師の上に働いてできたというふうにしか私には思えないのです。その智恵と慈悲、まあ、愛と言ってもよいでしょう。愛と智恵、これは如来《にょらい》の本願力《ほんがんりき》でただ一つのものだと私は考えます。

佛の慈悲も智恵も行者《ぎょうじゃ》に廻向《えこう》される。慈悲と智恵は全然違うもののようにみえるが、本当は一つ。佛の中で智恵と慈悲は一つになっていると私は思うのです。

本願力、他力《たりき》によって智恵と慈悲が私たちに廻向される。慈悲と智恵と他力。他力はつまり力です。力と慈悲と智恵、これはすべて如来のお手許にある。そして、それが私たちに廻向される。智恵というものは慈悲に根ざしている。慈悲によって智恵が出てくる。その慈悲は智恵によって他力に根ざしている。ちょっと論理の飛躍のように思われるかもしれませんが、私はそういうことを最近非常に痛感するのです。

さきほど私は亡き母のお慈悲と申しましたが、六歳の時別れて以来一度も会ったことのない、その母から教えを受けるというようなことはできないではないか。常識で言えばそうなんです。けれども、彼岸《ひがん》にある母と現実にこの世の衆生済度をする蓮師との間には、感応道交《かんのうどうこう》というか、テレパシーというとちょっと問題があるかもしれませんが、そういうものを私は感じずにはいられない。善知識《ぜんぢしき》を縁《えん》として佛の信心を私たちは頂戴するのでしょう。蓮如上人にとって善知識というのは（上人に自分の善知識は誰だという告白はありませんが）、六歳の時に姿を消した母以外にありえないと私は思います。如来から善知識を縁として蓮如上人が受けた智恵と慈悲が、蓮師をして空前の日本史上例を見ない盛大な教化を完成させたものだというふうに感じるのです。

**〈段落〉**

では、本文を読みましょう。この一章は、信心為《しんじんい》本《ほん》の教理を明らかにした御文と言えます。しかし、全体を二段に分けて、前半が「信心《しんじん》」、後半が「報謝《ほうしゃ》」を説いていると見ることもできます。前半はさらに標釈《ひょうしゃく》、すなわち提題とその解説に細分されます。

- 五帖目第十通
  - 信心 前段
    - 提題 前節 —— 聖人……候《さうらふ》(1)〜(2)
    - 解説 後節 —— そのゆゑは……とも釈し(2)〜(5)
  - 報謝 後段 —— そのうへの……(5)〜(7)

〔( )内の数字は本書での原文の行を示す〕

蓮如上人が浄土真宗信仰生活の規範として示したとされる『改悔《がいけ》文《もん》』は、安心《あんじん》、報謝、師《し》徳《とく》、法度《はっと》という、真宗教義の四大項目を、簡明に表出したものでありますが、御文において

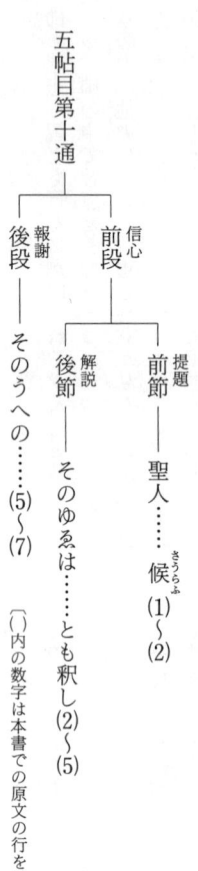

もつねにこのことを頭に入れておく必要があると言われています。また、ある学者は、「他《た》力安心《りきあんじん》」「平生業成《へいぜいごうじょう》」「報恩称名《ほうおんしょうみょう》」を御文の三大主題としています。

しかし、どの御文にも、右の四つ、あるいは三つが必ず揃《そろ》っているというわけではありません。そして、五帖目第十通も、改悔文における初めの二項目、「安心」「報謝」、後者の説における「他力安心」「報恩称名」の二つが説かれています。

［前段］

〈語釈〉

○聖人一流　「聖人」を佛教ではショウニンと読み、儒教ではセイジンと読みますが、ショウニンは真理を覚《さと》った人、有徳《うとく》の人の称です。浄土真宗では宗祖《しゅうそ》・親鸞聖人にかぎり、「聖人」の文字を当て、歴代宗主《しゅうしゅ》は「上人《しょうにん》」と呼びます。「聖人一流」は、親鸞聖人の教えを仰ぎ、その流れを汲むもの、すなわち浄土真宗のことです。

○信心　信心《しんじん》は五帖御文中、最も頻繁《ひんぱん》に現われる言葉で、その度数たるや実に二百六十九回にのぼります。この一事をもってしても、蓮師がいかに「信心をもて本とせられ」たかが分かります。

さて、それだけに、この言葉は内容が深く、一言にして表わすことは難しいですが、まず、「佛の助け給うお力に、助け給えと疑いのはれたこと」を意味します。

親鸞聖人の『一念多念文意《いちねんたねんもんい》』には、

「信心は、如来の御ちかひをききてうたがふこころのなきなり」

とあり、御文三帖目第六通にも、

「信心歓喜《くわんぎ》といふは、すなはち、信心さだまりぬれば浄土の往生はうたがひなくおもうてよろこぶこころなり」

と説かれています。

第二に、「まことの心」という意味です。信の字を実の字に読み換えるのです。少々無理な解釈と思われますが、一帖目第十五通に、

「信心といへる二字をば、まことのこころとよめるなり、まことのこころといふは、行者のわろき自力のこころにてはたすからず、如来の他力のよきこころにてたすかるがゆゑに、まことのこころとはまうすなり」

と書かれています。

なるほど、漢和辞典などを見ると、信の字には「まこと」という訓があります。考えてみれば、信ずるというのは、ほんとうと思うこと、つまり「まこととする」ことです。「まこと」という訓のあるのは、実はそういう意味においてでしょう。

右の御文で信心を「まことのこころ」と訓ずるとありますが、厳密に言えば、「まこととする心」であって、意味内容としては違うのですが、「まこととする」の動詞を「まこと」

の名詞に転換したところに、蓮師の信心の世界における領解《りょうげ》があるのです。

人間は真実の心で救われるのであって、うそいつわりの心で救われるはずはありません。ところが、本来、人間に真実の心などありうるでしょうか？　「まことのこころ」は覚《さと》りを開かれた佛でなければ持つことはできません。真実の心はすなわち佛の心です。

先ほどから当御文前段を信心の段であると言いながら、安心《あんじん》が主題になっていると申しましたが、それは、蓮如においては、信心と安心とを同義語と考えてよいと一般に考えられているからです。それで、信心の第三の意義として安心を考えたいと思います。

「安」の字は、「女」が「宀」（家）の中にある貌《かたち》、すなわち、家は女のいるべきところで、女がそのいるべきところにあって、心が落ち着いて安《やす》らかなさまを表わします。安心は、かくのごとく、佛の本願他力《ほんがんたりき》を私の心の落ち着き場所として、そのお助けにあずかるべく、すべてをお任せして、心が穏やかで、安らかである謂《いい》です。

第四に蓮師は、さらにもっと驚嘆すべき解釈を、信心に与えています（『御一代記聞書』）。

「信心安心などいへば、別の様にも思ふなり、ただ凡夫の佛になることををし《(教)》ふべし……」

凡夫が佛になるというのが信心の意味だと、あえて受け取っていいようです。

信心についてはなかなか簡単に言い切れるものではありませんから、また別の箇所でお話しすることもありましょう。当御文では、私が、右に、一応《いちおう》第二の意義として挙《あ》げました「まことの心」にとくに留意していただきたいと思います。まことの心は、結局、佛の心でしかありえない、信心すなわち佛心ということを、二行あとの「佛のかたより、往生は治定《ぢぢやう》せしめたまふ」に照らし合わせて考えていただきましょう。

○本　二帖目第二通に「信心《しんじん》といふことをもてさきとせられたり」とありますが、意味は同じで、「本《ほん》」は「末《まつ》」に対し、「先《さき》」は「後《のち》」に対する語です。「本」は「末」よりも大事であり、大事なことは「先」にして、些細《ささい》なことは「後」にするのが通例ですが、真宗の教義としては、本《ほん》、先《さき》のみを取り上げて、末《まつ》、後《のち》は捨て去ることになるのです。一般に、浄土往生のために御利益《ごりやく》があるとされている読経《どきよう》とか供養《くよう》とか、そういった善根《ぜんごん》を修するのを止《や》めて、ただ信心のみを必要とするのです。

法然上人《ほうねんしようにん》の主著『選択本願念佛集《せんじやくほんがんねんぶつしゆう》』に見える「往生之業念佛為本」（往生の業《ごう》は念佛を以て本と為《な》す）の語に依《よ》った言葉であります。選《えら》び捨《す》てる、本を選んで末を捨てるというところが浄土宗や真宗の教えの重要点であって、それが専修念佛《せんじゆねんぶつ》と言われる所以《ゆえん》でもあります。

法然上人の「念佛為本《ねんぶついほん》」は、佛のお助けを信じて念佛するのみということで、信心なくしてただ念佛するのは念佛為本にはなりません。反対に信心を得た者は必ず念佛するので、「信心をもて本と」するとは、念佛為本の意味にほかならないのです。

○雑行　雑行《ぞうぎよう》とは阿弥陀佛《あみだぶつ》の浄土に往生したいと願いながら、この佛に関係のない行を行じることを言います。『般若経《はんにやぎよう》』とか、『法華経《ほけきよう》』とか、『浄土三部経《じようどさんぶきよう》』以外のお経を読んだり、薬師如来《やくしにょらい》、大日如来《だいにちにょらい》の御名を称えたりして、極楽《ごくらく》に生まれたいと思うもので、五雑行といって、読誦《どくじゅ》、観察《かんさつ》、礼拝《らいはい》、称名《しょうみょう》、讃嘆供養《さんだんくよう》の五つに分かれます。よく、いたるところのお宮やお寺にお参りして廻る人がありますが、そうして方々に願をかけておけば、どこかに当たるだろうなどという考えなら、それはなんとも浅はかではありますまいか。雑行とはそういうことをいうのです。

雑行の反対は正行《しょうぎょう》ですが、これも雑行と同じく五種あります。親鸞聖人はそのうち、第四番目の称名、すなわち、阿弥陀佛の御名を称えるのを正定業《しょうじょうごう》と名づけましたが、五種の正行をみな実行しようとするのを雑修《ざっしゅ》といい、正定業のみを修するのを専修《せんじゅ》といいます。しかし、その専修のなかでも、自分で称えた称名念佛に功徳《くどく》があると思い、その功徳によって浄土往生しようというのは自力称名《じりきしょうみょう》であり、まったく佛に帰命《きみょう》する他力の称名とは区別されます。

それゆえ、雑行を捨てて、正行に帰し、雑修をさしおいて専修に帰し、さらにその専修の中でも、自力に頼る心を捨てなければ、その次に来る、「一心に弥陀に帰命す」ることにはならないのです。

そんなわけで「雑行をなげすてて」と「一心に弥陀に……」の間に、右のようなことを補って考えてください。蓮師は、われわれ衆生《しゅじょう》に浄土真宗の大要を早く分からせようと、筋道の要所だけを示したのです。

○一心　『阿弥陀経《あみだきょう》』に「一心不乱《いっしんふらん》」という言葉がありますが、そのように「一心」は今日我々が用いる意味と変わりないのですが、よく考えてみると、この二字の中には、いろいろな内容が含まれています。

第一に、疑いのない心ということで、佛が衆生を助けると仰《おお》せられるのに対し、助かるだろうか、助からないだろうかという疑いの気持ちがなくなったことです。ほかの御文でも、たとえば三帖目第二通には「弥陀を一心にたのみまゐらせて、うたがひのこころのなき衆生」、四帖目第九通には「一向一心に弥陀をたふときこととうたがふこころつゆ《(露)》ちり《(塵)》ほどももつまじきことなり」などと説かれています。

第二に、信心の対象が、弥陀一佛にかぎり、ほかの諸神、諸佛へ心の移らないのをいいます。「雑行をなげすてて」とありますから、これが最も全体の文意に即《そく》した解釈の仕方かもしれません。二帖目第九通に「一心一向といふは、阿弥陀佛において二佛をならべざるこころなり」、五帖目第八通に「もろもろの雑行をすてて、一向一心に弥陀をたのまん衆生……」と書かれています。

三番目に、衆生の心を佛の心と同一にし給うのであるから一心といいます。

○帰命　梵語「ナマス」の意訳であります。ナマスの音を取って漢字を当てたのが「南無」ですから、南無と帰命《きみょう》とはまったく同じことです。

ナマスには信順《しんじゅん》、信従《しんじゅう》、救我《くが》、度我《どが》、護我《ごが》、帰身《きしん》、恭敬《くぎょう》など古来多くの漢語訳が用いられてきましたが、真宗では、善導《ぜんどう》大師の『観経 四帖疏《かんぎょうしじょうしょ》』玄義分《げんぎぶん》の訳語に従い、もっぱら帰命のみを用いる習慣となっています。しかし、「信順」「信従」などは真宗の教義にかなった言葉であります。

帰命については、主として三つの字義ありとされます。一つには、帰《き》を「趣向《しゅこう》」「帰投《きとう》」の義とし、命《みょう》を「寿命《じゅみょう》」、人の命《いのち》の意として、佛に命を捧げることとします。二には、帰を「恭順」、命を「勅命《ちょくめい》」つまり命令として、佛の仰せに従うこととします。最後に帰を「帰還」、命はやはり「寿命」と解して、われわれの小さい命を、佛の大きな命の源《みなもと》に返すという解釈であります。

浄土宗鎮西《ちんぜい》派などでは、南無に「度我」「救我」の漢語訳があるごとく、帰投身命《きとうしんみょう》で、命《いのち》を捧げて佛の救済を請い求めることであると説きます。西山派の方では、佛はわれわれの命を収めて、無量寿《むりょうじゅ》と覚られたのに、われわれはそれを知らず迷っている。ゆえに迷いを翻して、われわれの命はすなわち無量寿であると知らねばならぬ。称命《しょうみょう》するのは、佛に命を返す方法であると教えます。

真宗の場合は右の第二の字義に当たり、「恭順」「勅命」と解します。親鸞聖人の著『尊号《そんごう》真像銘文《しんぞうめいもん》』に、

「帰命《きみやう》とまうすは如来《にょらい》の勅命にしたがひたてまつるなり」

「帰命はすなはち釈迦《しゃか》・弥陀《みだ》の二尊《そん》の勅命にしたがひ、めしにかなふとまうすことばなり」

とあります。

聖人は帰という字に、ヨリカカル、ヨリタノム、タノムなどの左訓《ひだりがな》を施し、帰命は佛の仰せに契《かな》う、佛の仰せどおりにするという意味に取ります。

帰命は、したがって、タノム、タスケタマへと同様の精神において了解（領解《りようげ》）されるべきものです（五帖目第十四通第二段語釈参照）。この三語は、ともに、浄土真宗信心の姿であって、佛が、なんの要求もなく、ただ救ってやると声をかけてくださるのを、衆生が、まったく手放しでそれを頼りにする、親子の関係にも似た他力の教えを示しています。

ところで、この次の御文、つまり、五帖目第十一通では「弥陀を皈命《きみよう》する……」と書いてありますが、この御文では「弥陀に帰命すれば……」となっています。前者においては、「弥陀の勅命をたのむ」「たよりにする」という意味合いで、助詞「を」が用いられており、後者の方は、「弥陀の勅命に従う」「信順する」ということで、助詞が「に」であると見るべきでしょう。いずれにせよ、宗祖とまったく同じ立場の教えであるということができます。

○不可思議の　普通、救いようのない悪逆の凡夫を救い給うということで「不可思議」と述べられた。また、宗祖も「難思《なんし》の弘誓《ぐぜい》」「誓願不思議《せいがんふしぎ》」と言ったごとく、如来の願力は、我々凡夫の測り知ることのできないものであると註釈されています。測り知ることのできないのは、もちろん言うまでもありませんが、悪人の救済について不可思議というのではなく、ここは前文との関連において考える方が妥当かと、私は考えます。すなわち、雑行を切り捨て、雑修も切り捨て、自力も離れた信心を勧めているのです。常識的に考えると、ありとあらゆる修行を積んで、佛の覚《さと》りに到達すべきものではないでしょうか。それを何もしないで救われるというのですから、それこそ不可思議と言うほかはないと考える方が文意に沿《そ》うているでしょう。その方が、自分の方から佛の位に昇っていくのではなく、「佛のかたより……」と、あとの方へも文脈の流れがよいように思います。

　ですから、不可思議には、不思議、測り知れない、考えて理解できない、という意味のほかに、「すばらしい」という、驚きと感動の調子《トーン》の含まれているのに御留意ください。

　その一行あとの「往生」は、言うまでもなく、この世を捨てて、あの世に往《ゆ》き、極楽の蓮《はす》の花の中に生まれることですが、そういう大事なことが、佛の方から、佛の願の力の自然のお働き「として」決められる（治定《じじょう》）のです。

○**入正定之聚**　一念の信心が起これば、その時、往生し成佛することに定まる正定聚《しょうじょうじゅ》の位に入る。

　正定之聚《しょうじょうしじゅ》は単に正定聚とも言いますが、邪定聚《じゃじょうじゅ》、不定聚《ふじょうじゅ》とともに、衆生の根機《こんき》を、修行の浅深で三段階に区分したものです。大・小乗各宗でそれぞれに独自の説を立てますが、真宗では弘願《ぐがん》の機、すなわち正《まさ》しく佛になると定《き》まった人々、また、その位を正定聚、諸行往生、つまりさまざまの行を併修《へいしゅう》して往生を遂げようという人々を邪定聚（これを要門《ようもん》といいます）、自力念佛の人々を不定聚（真門《しんもん》）と言います。

　信の一念が起こった時、正定聚の位に入り、死後浄土《じょうど》に往生して佛となることが決定《けつじょう》するというのです。

○とも釈し　釈尊の説法を書きとめたものを「経」、その経について説明されたものを「釈《しゃく》」と言います。ここでは、『大無量寿経《だいむりょうじゅきょう》』の「即得往生」の語を、曇鸞《どんらん》大師が『浄土論註《じょうどろんちゅう》』の『易行品《いぎょうほん》』解説部分で「一念発起《いちねんほっき》」などと註釈されたので「釈し」と述べられたのです。

他の御文、たとえば一帖目第四通には「一念発起・住正定聚とも、平生業成《へいぜいごうじょう》とも、即得往生・住不退転ともいふなり」、五帖目第二十一通には「一念発起・住正定聚とも、平生業成の行人ともいふなり」と書かれていますので、往生の決定した位をさまざまに名づけようがあるのを、この第十通では一項にとどめ、「とも」としただけで文を切らずに後段に繋《つな》いだのです。余韻を残すという意図もあったでしょうが、骨子だけを述べて簡潔にということに、とくにこの御文は留意されているふしがあります。

〈讃嘆《さんだん》〉

前段は提題と解説の二部分に分けて考えられると初めに申しましたが、提題たる「信心」を敷衍《ふえん》して、後の部分で説明しています。この解説の部分でも、「もろもろの雑行を……帰命すれば」のところは、信心はかくあるべしと信心の内容を示し、それ以下は、信心の結果どうなるか、つまり、益《やく》が示されています。

しかし、また、音楽になぞらえて考えますと、「……本とせられ候」までの提題部分を

「主題」と見ることもできます。

「もろもろの雑行をなげすてて」

これは、第一のヴァリアシオン（変奏）です。これは前に述べたごとく、雑行より正行、雑修より専修、自力《じりき》より他力という捨象の段階を示したものです。これに対し、「主題」の〃信心を本とす〃とは末を捨てることで、これもすでに申しました。つまり、主題の方は、選び残した「信心」の力をいい、「変奏の第二」の方は、投げ捨てる雑行の方を語るということで、お互いに表裏の関係となっているでしょう。

「一心に弥陀に帰命すれば」

一心は、専念して心が他に移らないことですから、雑行などを振り捨てて選び残した信心の方の記述であり、ふたたび主題の「表」の解説となります。形を変えての主題の反復ですから、これを変奏の第二と考えましょう。あるいはまた、ここまでの三部分が表—裏—表となって、a—b—aの形式になっているとも言えます。

「不可思議の願力として、佛のかたより往生は治定せしめたまふ」

正行の中でとくに第四番目の称名を正定業ということは先に述べましたが、正定《しょうじょう》、まさしくさだまる、は治定とほぼ同義語と考えてよいでしょう。信心は正定業であり、雑業を捨てて正定業に帰する、それによって、往生が決定するのです。主題が表現を変えて、このように「変奏の第三」となっています。

「一念発起」の「一念」は「一心」と通ずるものがあります。信の一念が発起したとき、一心に弥陀に帰命する心となるのであり、一心に弥陀に帰命する心を一念発起というのです。「変奏の第二」のさらに変奏ともなっていますので、仮に「変奏四」とします。「入正定之聚」は、変奏三の「治定」、そして「主題」および「変奏二」で言外に語られている「正定」が、まさしくここに言葉となって反復されて、変奏の第五となっています。

このように、御文は、ざっと読んだだけでは気がつきませんが、繰り返し読んでいるうちに、思わず襟を正さしめるような、綿密な構成に直面いたします。それは一目ずつ編み上げられていく編み物のようです。また、言い方を換えるなら、大地に埋もれた古代都市が、発掘によって、その威容を地上に現わすときの荘厳さとでも申しましょうか。蓮師の文章は、初め、我々の目に、稚拙な散文としかうつりません。信仰の感激の歌い上げられた、親鸞聖人の『三帖和讃《さんじょうわさん》』などと、まるで対蹠《たいせき》的です。師は『安心決定鈔《あんじんけつじょうしょう》』を愛読して、その書を、「こがねをほり出すようなもの」と称賛しました（『御一代記聞書』）。私は、御文についても、まさしくそのとおりの讃辞が当てはまると思います。表面、他所《よそ》と異ならぬ、土と小石と雑草以外何も見当たらない地面の奥に、実は宝の鉱脈が走っている——何かそういう感動を覚えるのです。

ところで、前段の構成については、右のように申しましたが、初めのa—b—a、の形式部分を第一主題、次の三つの変奏部分を第二主題という読み方もできるかと思います。よって、前段の構成を図示してみます。

信心をもて本とせられ——主題（表a）
もろもろの雑行をなげすてて——変奏一（裏b）
一心に弥陀に帰命すれば——変奏二（表a）
不可思議の……治定せしめたまふ——変奏三
一念発起——変奏四
入正定之聚——変奏五

第一主題
第二主題

［後段］

〈語釈〉

○称名念佛　今日、念佛《ねんぶつ》と言えば、もっぱら、佛の名を称える、南無阿弥陀佛《なむあみだぶつ》と口に出して言うことを指し、称名《しょうみょう》と同義語となりましたが、本来は佛を念ずる、観念念佛《かんねんねんぶつ》なども含む広い意味の言葉でした。それで、ここではとくに口称念佛《こうしょうねんぶつ》、声に出して称える称名を意味することをはっきりさせるため、称名念佛と言ったのです。

さらにそれが「そのうへの」とあって、南無阿弥陀佛を称えるのが、信心以後であることを明示されています。

○わが往生　稀に、宗祖は、「自分だけの信心」ということを強調し、蓮師は「みんなの信心」を説いたと考える人がありますが、その誤りであることが、この一語で明白です。みんなが極楽へ往生すべきでありましょうが、やはり一人一人が信心決定しなければ、それはどうにもならないでしょう。この御文はみんなのために書いた、というのではなく、私一人のために説かれている、と真剣に受け取らなければなりません。

○御恩報尽　蓮師の愛用した法語の一つですが、一帖目第一通には「佛恩報尽《ぶっとんほうじん》」とあります。慈恩《じおん》（窺基《きき》）という人の、

「念二佛恩一報尽為レ期」（佛恩を念じ報尽期《ご》となす）

の言葉（『西方要決《さいほうようけつ》』）からできた熟語で、「報《ほう》」は報命《ほうみょう》、すなわち寿命《じゅみょう》のこと、報尽《ほうじん》はその寿命が尽きる、つまり死ぬ事です。「期《ご》」は時期の意で、この言葉全体としては「一生涯、命の尽きるまで、佛の御恩を惟《おも》う」ということになります。

しかし、覚如《かくにょ》などが、「報」を報謝《ほうしゃ》の意味に置き換えて、「佛恩報尽」をもって「佛の御恩を報じ（御恩に報《むく》い）尽くす」と解釈したのに倣《なら》って、蓮師もここでその意味に使っています。

# 五帖目第十一通　御正忌の章

抑《そもそも》この御正忌《ごしやうき》のうちに参詣《さんけい》をいたし、こころざしをはこび、報恩謝徳《ほうおんしやとく》をなさんとおもひて、聖人《しやうにん》の御《おん》まへにまゐらんひとのなかにおいて、信心《しんじん》を獲得《ぎやくとく》せしめたるひともあるべし。また、不信心《ふしんじん》のともがらもあるべし。もてのほかの大事《だいじ》なり。そのゆゑは、信心《しんじん》を決定《けちぢやう》せずば、今《こん》度《ど》の報土《ほうど》の往生《わうじやう》は不定《ふぢやう》なり。されば、不信《ふしん》のひともすみやかに決定《けちぢやう》のこころをとるべし。人間《にんげん》は不定《ふぢやう》のさかひなり。極楽《ごくらく》は常住《じやうぢゆ》の国《くに》なり。されば、不定《ふぢやう》の人間《にんげん》にあらんよりも常住《じやうぢゆ》の極楽《ごくらく》をねがふべきものなり。されば、当流《たうりう》には信心《しんじん》のかたをもてさきとせられたるそのゆゑをよくしらずば、いたづらごとなり。いそぎて安心決定《あんじんけちぢやう》して浄《じやう》土《ど》の往生《わうじやう》をねがふべきなり。それ、人間《にんげん》に流布《るふ》して、みなひとのこころえたるとほりは、なにの分別《ふんべち》もなく、くちにただ称　名《しようみやう》ばかりをとなへたらば、極楽《ごくらく》に往生《わうじやう》すべきやうにおもへり。それはおほきにおぼつかなき次第《しだい》なり。

他力《たりき》の信心《しんじん》をとるといふも、別《べち》のことにはあらず。南无《なむ》阿弥陀佛《あみだぶち》の六《むつ》の字《じ》のこころをよくしりたるをもて信心《しんじん》決定《けちぢやう》すとはいふなり。そもそも信心《しんじん》の躰《たい》といふは、経《きやう》にいはく、聞其名号《もんごみやうがう》・信心歓喜《しんじんくわんぎ》といへり。善導《ぜんだう》のいはく、南无《なむ》といふは皈命《きみやう》、またこれ発願廻向《ほちぐわんゑかう》の義《ぎ》なり。阿弥陀佛《あみだぶち》といふは、すなはちその行《ぎやう》といへり。南无《なむ》といふ二字《にじ》のこころは、もろもろの雑行《ざふぎやう》をすてて、うたがひなく一心一向《いっしんいっかう》に阿弥陀佛《あみだぶち》をたのみたてまつるこころなり。さて、阿弥陀佛《あみだぶち》といふ四《よつ》の字《じ》のこころは、一心《いっしん》に弥陀《みだ》を皈命《きみやう》する衆生《しゆじやう》を、やうもなくたすけたまへるいはれが、すなはち阿弥陀佛《あみだぶち》の四《よつ》の字《じ》のこころなり。されば、南无阿弥陀佛《なむあみだぶち》の躰《たい》をかくのごとくこころえわけたるを、信心《しんじん》をとるとはいふなり。これすなはち、他力《たりき》の信心《しんじん》をよくこころえたる念佛《ねんぶち》の行者《ぎやうじや》とはまうすなり。あなかしこ、あなかしこ。

〈現代語訳〉

そもそもこの（七日間）の御正忌《ごしょうき》の間に参詣《さんけい》し、懇志《こんし》を納め、報恩謝徳《ほうおんしゃとく》の気持ちを表わそうとして、親鸞聖人《しんらんしょうにん》の御前でお参りをする人々の中には、信心《しんじん》を獲得《ぎゃくとく》した人もあるでしょう。また、不信心の者もあるでしょう。これは大変大事なことです。

というのは、信心を決定《けつじょう》しなければ、この度《たび》の（極楽《ごくらく》）報土《ほうど》への往生《おうじょう》はできないからです。ですから不信の人々も、決定の信心を持つべきです。

人間界は当てにならない世界です。極楽は常住《じょうじゅう》の国であります。ですから、不確定な人間界にいるよりも、常住の極楽に生まれたいと願うべきです。

それ故、浄土真宗《じょうどしんしゅう》で、信心のことを先ず第一としているそのわけをよく知らなければ、（すべてが）空しいこととなります。急いで安心《あんじん》を決定して、浄土往生《じょうどおうじょう》を願わなければなりません。

世間一般で、人々が、みんな、そう思い込んでいることといえば、何のわきまえもなく、ただ、口で称名《しょうみょう》（念佛《ねんぶつ》）さえ称《とな》えていれば、極楽に往生するに違いないということです。それは至っておぼつかない次第です。

他力《たりき》の信心を取るというのも、特別のことではありません。南無阿弥陀佛《なむあみだぶつ》の六つの字の意味を、よく知ったというのをもって、信心が決定したというのです。

そもそも、信心の本質について、経典には、「聞其名号《もんごみょうごう》　信心歓喜《しんじんかんぎ》」（佛の名号〈南無阿弥陀佛〉の〈わけ〉を聞いて、信心を得て喜ぶ）と書いてあります。

善導《ぜんどう》は「『南無』とは『帰命《きみょう》』の事であり、また、『発願廻向《ほつがんえこう》』という意味である。『阿弥陀佛』というのは、すなわち、その『行《ぎょう》』なのだ」と言われました（『観経四帖疏《かんぎょうしじょうしょ》』玄義《げんぎ》分《ぶん》）。「南無」という二字は、さまざまの雑行《ぞうぎょう》を捨てて、疑いなく、ひたすら、阿弥陀佛におすがりするという趣旨です。また、「阿弥陀佛」の四字は、一心に、弥陀《みだ》の教えに従う衆生《しゅじょう》を、何のこだわりもなく、助けてくださるという趣旨です。それが「阿弥陀佛」の四つの字の精神です。ですから、南無阿弥陀佛の意義を、このようにこころえ、会得《えとく》したのを、信心を取ったというのです。

このような心になった人を、すなわち、他力の信心をよくこころえた念佛の行者というのです。

### 〈由来〉

**御正忌の意義**

「御正忌《ごしょうき》の章」と呼び慣わされた御文《おふみ》です。御正忌とは申すまでもなく、宗祖親鸞聖人の祥《しょう》月命日《つきめいにち》のことで、聖人は弘長《こうちょう》二年（一二六二）十一月二十八日に遷化《せんげ》しました。東本願寺《ひがしほんがんじ》などでは二十一日より始めて、二十八日に至る七昼夜勤行《ごんぎょう》を勤めますから、俗に「お七夜《しちや》」ともいい、また報恩講《ほうおんこう》ともいいます。報恩講とは阿弥陀佛の御恩、お釈迦《しゃか》様、七高僧（インドの龍樹《りゅうじゅ》・天親《てんじん》、中国の曇鸞《どんらん》・道綽《どうしゃく》・善導《ぜんどう》、日本の源信《げんしん》・源空《げんくう》）そして親鸞聖人に至る先徳より佛法を伝えられた御恩に報《むく》いる集まりであります。五帖御《ごじょうお》文《ふみ》には「御正忌」「報恩講」という言葉がそれぞれ七回と十六回現われます。そんなわけで、御正忌のことを述べたのは、この御文の他に、三帖目第十一通、四帖目第六、第七、第八通などがあります。

蓮如上人《れんにょしょうにん》はこれらの御文の中で、先徳への報恩の心を持つよう勧めていますが、この「御正忌の章」の初めを読みますと、

「抑《そもそも》この御正忌《ごしゃうき》のうちに参詣《さんけい》をいたし、こころざしをはこび、報恩謝徳《ほうおんしゃとく》をなさんとおもひて、聖人《しゃうにん》の御《おん》まへにまゐらん……」

と、まさしく御正忌の意義が説かれています。ところが、続いて、

「……御《おん》まへにまゐらんひとのなかにおいて、信心を獲得せしめたるひともあるべし。また、不信心のともがらもあるべし」

――ここまで読んで、我々は「おや？」と思います。どうも冒頭の部分との繋《つな》がりが分かりません。ところが、親鸞聖人に対する報恩感謝の心を表わすのが報恩講であるが、報恩謝徳の心を表わすには、我々自身が信心を獲得する以外にないのであると、五帖御文の他の章で何度も繰り返し述べているのです。そのことについてはいずれそういう言葉の出てくる箇所を読む折にお話ししたいと思いますが、その趣旨をここの文に当てはめて考えると、「信心を獲得せしめたる」――「信心を得た」人は御正忌に参詣した意義があったのであり、

「不信心のともがら」は参詣の意義がなかったことになります。

　これは大変なことですね。現代の我々には、それでもなかなかピンと来ませんが、蓮師《れんし》の時代に生きた人々にとって、報恩講というのは信心獲得のための集まりだったのです。だから、大勢集まった中で、そこで、この人は信心を得られたのか、この人は得られなかったのかと、実に大事なこととして、そこに熱気をはらんだ集会の盛り上がりがあったにちがいありません。蓮如時代の教団の雰囲気というのは、なかなか想像がつかないのですけれども、このごろテレビなどでよくやっていますね。グループサウンズというんですか、ああいう集まりで歌手がマイクを持って歌う。そうすると「キャー」とか何とか声がかかって会場全体が熱気に包まれる。ああいう感じを昔に当てはめて考えてみたらどうかと思います。そこで、マイクを持っているスターが、蓮如上人に当たるわけですね。そして、その人に対する燃え上がってくる情熱みたいなもの、そういうものを背景として、この「信心を獲得せしめたるひともあるべし。また、不信心のともがらもあるべし」という言葉を味わってみたいと思います。法座《ほうざ》というのはそこで信心を得るか得ないか、そういう境目《さかいめ》の重要な、いわば、興奮の坩堝《るつぼ》とでもいうべき場であったことを心の中に入れて御文をお読みください。

　さて、「この御正忌のうちに……」とありますので、この章が御正忌中に著《あら》わされたことは明らかですが、何時《いつ》の御正忌でしょうか？　五帖目の御文には日付がありません。しかし、「高田本誓寺本」（新潟県上越市本誓寺蔵御文集）というのに、この章とまったく同じ御文が載っていて、それに「文明六年霜月二十五日」とあります。霜月ですから十一月です。十一月二十五日。先ほど申しましたように、二十一日から二十八日まで御正忌が勤まりますから、ちょうどその真ん中の日です。

五帖目を除いて、一帖目から四帖目までの御文にはすべて日付があり、しかも年代順に並べられています。そこで、二帖目第三通から三帖目第六通までが文明《ぶんめい》六年（一四七四）の著述であります。これらの御文を拝読してみますと、とくに最後の数通、月にして八月以降のものが、この五帖目十一通と意趣《いしゅ》を同じくしているのに気づきます。こういうことも考え合わせて、この章が文明六年御正忌中の作品であるとして間違いないでしょう。

〈段落〉

この章は二段に分かれ、前段は人々に信心を勧め、後段は、「されば、当流には……」より後で真宗《しんしゅう》の教義が述べられているといわれます。前段では、まず参詣者の中にも信心の人と不信心の人とあると前置きして、「そのゆゑは……」からが、信心を勧める本旨に入っています。その部分もさらに細分するなら、初めは信心決定《しんじんけつじょう》を、後に極楽往生《ごくらくおうじょう》を説いています。

後段は四節になって、第一節は信心を先《さき》とすると宣言し（五帖目第十通にある、「信心をもて、本とせられ……」の「本」と、この章の「さき」とは同じで、これについては前通、

五帖目第十一通

- 前段　無信称名を戒める
  - 第一節　前置
  - 第二節　本旨
    - 信心決定　そのゆゑは……(5)
    - 往生決定　人間は不定のさかひなり……(7)
  - 第三節　信心為先　されば、当流には……(9)
  - 第四節　無信称名は不可　それ、人間に流布して(12)
- 後段　六字釈
  - 前節　信心とは何か
    - 信心とは六字の心　他力の信心をとるといふも……(17)
    - 経典引用　そもそも信心の躰と……(19)
    - 玄義分引用（六字釈）　善導のいはく……(20)
  - 後節　結論　これすなはち……(29)

前段の、「本」の語釈を御覧ください）、「それ、人間《にんげん》に流布《るふ》して……」以下の第二節では、信心のない称名《しようみよう》は無益であるとし、第三節は「他力の信心をとるといふも……」に始まって、信心とは何かが説かれています。その中に『大無量寿経《だいむりようじゆきよう》』、次に善導大師の言葉が引用されています。第四節は「これ、すなはち……」以後で、念佛すなわち信心であると結論づけられています。

しかしながら、全章を二段に分かつことに変わりないが、「他力の信心をとるといふも……」からを後段、それ以前を前段とする考え方もあります。初めの区分法と照合すると、前段および後段第一節、第二節までを前段とし、後段第三節、第四節のみを後段とするものです。私はむしろ後者の説にならいます。これを前頁に図示しました。

この図で前半は「無信称名《むしんしようみよう》」を排撃したもの、後半は「六字釈《ろくじしやく》」を説いたものと考えたいのです。これについては、後ほど詳しく述べますが、その前に二、三、意味をはっきりさせておかなければならない単語があります。

〈語釈〉

○もてのほか　「以《もつ》ての外《ほか》」と書きますから、昔から促音が入って、「もってのほか」とも発音したのでしょう。

現代語のように、「そうあってはならない」「けしからん」というような、否定、憤慨の気持ちが含まれているとはかぎらず、「格別」という、意外に程度の大きいさまを表わす連語でした。したがって、ここは（信心の獲得が）「実に」「格別」大事であるということです。

○人間　今日の言葉での「人間《にんげん》」を指すには、昔は単に「人《ひと》」と言ったようです。

それに反し、古語での「人間」は、第一に、「人間界」の意味です。我々人間の住むこの世界であって、佛教で言う「六道輪廻《ろくどうりんね》」の六つの世界、すなわち、地獄《じごく》、餓鬼《がき》、畜生《ちくしょう》、修羅《しゅら》、人間《にんげん》、天上《てんじょう》の一つとしての人間界です。

第二に、その意味から派生して「社会」「世界」を指します。

この章では、三度この言葉が出てきますが、初めの二回、七行目と八行目では、第一の人間界の意味で、それぞれ、

人間《にんげん》は不定《ふぢやう》のさかひなり——人間界は一定しない、決まっていない、あてにならない世界である。

不定《ふぢやう》の人間《にんげん》にあらんよりも——不安定な、あてにならない人間界にいるよりも、

であり、十二行目の、

「人間《にんげん》に流布《るふ》して」

は、広く世間に行きわたって、と、世間の意味に用いられています。

○分別　古語辞典を見ると、①よい悪いを考えること、理性で物事を判断すること、わきまえ、②社会的な経験に基づく判断、とあり、当然①の方の意味です。

## 無信称名

この章で考慮すべき言葉は他にもたくさんありますが、先ほどから申しています「無信称名」について、詳しくお話ししたいと思いますので、語釈の方を、このあたりまでで、割愛させていただきます。

では、前記の段落のつけ方での前段第四節を読み返します。

「それ、人間《にんげん》に流布《るふ》して、みなひとのこころえたるとほりは、なにの分別《ふんべち》もなく、くちにただ称名《しようみやう》ばかりをとなへたらば、極楽《ごくらく》に往生《わうじやう》すべきやうにおもへり。それはおほきにおぼつかなき次第《しだい》なり」

これが、無信称名を諌《いさ》めた言葉であります。称名念佛、すなわち「なむあみだ佛、なむあみだ佛」とただ口先で唱えてさえいれば、極楽に往生するように、今の人々は思っているが、それはきわめて覚束《おぼつか》ない――はっきり言えば、それでは往生できない、と蓮師は言うのです。

先ほど、私は、文明六年の夏以後の御文が、この御正忌の章と意趣を同じくしていると申しましたが、それは、共に「無信称名」が主題《テーマ》の一つをなしていることに基づくのです。左にそれに該当する箇所を引用いたします。

三帖目第三通（文明六年八月六日）

「ただこゑにいたして念佛《ねんぶち》ばかりをとなふるひとはおほやうなり」

同じく第四通（文明六年八月十八日）

「ただこゑにいたして南无阿弥陀佛《なむあみだぶち》とばかりとなふれば極楽《ごくらく》に往生《わうじやう》すべきやうにおもひはんべり。それはおほきにおぼつかなきことなり」

同じく第五通（文明六年九月六日）

「ただなにの分別もなく南无阿弥陀佛とばかりとなふれば、みなたすかるべきやうにおもへり。それはおほきにおぼつかなきことなり」

同じく第六通（文明六年十月廿日）

「名号《みやうがう》をきくといふは、ただおほやうにきくにあらず」

第三通の「おほやう」（大様）という言葉を古語辞典で調べてみると、「大まか」「大ざっぱ」という意味でした。つまり、声に出して念佛ばかりを称えていては、それではちょっと大ざっぱすぎる、ちょっと難しいでしょう、というような文意になります。

右の諸例の趣旨は、一様に、「何となく、ただぼんやりと、名号、つまり『なむあみだ佛』を称えても、何の意味もない」ということになります。著者のこういう趣旨のいっそうはっきり分かるのは、場所は違いますが一帖目の第十五通です。

「名号《みやうがう》をきくといへるは、南无阿弥陀佛《なむあみだぶち》の六字《ろくじ》の名号《みやうがう》を、无名无実《むみやうむじち》にきくにあらず。善知識《ぜんぢしき》にあひてそのをしへをうけて、この南无阿弥陀佛《なむあみだぶち》の名号《みやうがう》を南无《なむ》とたのめば、かならず阿弥陀《あみだ》佛《ぶち》のたすけたまふといふ道理《だうり》なり」

とあります。ここで「无名无《むみょうむ》実《じつ》」というのは、「名も無く、実も無く」と訓読するのでしょうが、その名、つまり「南無阿弥陀佛」という名詞が、どういう実体を表わしているのかということも知らずに、との意味でしょう。たとえて言うなら、人について、よく「顔と名前が一致しない」などと言いますね、ああいった感じでしょう。名前を知っていても、顔を知らなければ、結局、その人を識っていることにはなりませんね。「なむあみだぶつ」という言葉を知っていても、その言葉が何を意味するのか分からなければ、「なむあみだぶつ」を知っていることにはならない。わけを知らないで、ただ口先だけで「なむあみだぶつ」と発音してもなんにもならない、ナンセンスである——と蓮師は言います。御正忌の章の「なにの分別もなく」は「无名无実に」と同じ意味ですね。

御文の中でこれほど繰り返し無信称名のあやまりが指摘されているので、その頃こういう考え方がよほど瀰漫《びまん》していたことが知られます。昔から我が国ではお経を上げたり、念佛を称えたりすれば、死後極楽へ生まれられるという信仰が根強かったようですが、とくにこの時代、法然上人《ほうねんしょうにん》の門流の中で「単直《たんじき》の大信《だいしん》」などという説を立てて、なにもわけを知らなくとも、ともかく、助け給えと念佛すれば救われると教えた一派があって、蓮如上人当時には、その影響力が大変大きかったとのことです。宗門内にもこの間違った教えが浸透していたようで、御文の著者はそれを心配して、こういう御文を何通も書いたのです。

けれども、無信称名が流行していたのは、はたして今から五百年前の蓮師の時代だったでしょうか？　だいたい日本では、お経を上げたり念佛を称えたりしたら救われる、死後極楽へ行けるという考えが民衆の中に滲《し》み込んでいるようなところがありますが、考えてみたら、今の世の中でも、やはり、けっこうそうではないかと思うのです。何か分からないけれども拝んでおいたらよいというわけです。

私は京都の「東山浄苑《ひがしやまじょうえん》」というところで、納骨堂の護持・経営に当たっていますが、この向かいの山に、桐山靖雄《きりやまやすお》という人の開いた阿含宗《あごんしゅう》の霊場があります。二月十一日は「星まつり」とかいって、壮大な法会《ほうえ》が営まれます。ちょうどその日、本堂を出て、二、三十歩先の見晴らしのよい所へさしかかると、谷を隔てて、星まつりの護摩木《ごまぎ》が燃えさかり、黒煙が天に沖《ちゅう》する光景を私は遠望しました。すると、私とすれ違いに本堂の方へお参りに行く人たちの中で何人かが、私の横で足を止めて、やはり今を酣《たけなわ》の星まつりに見とれたようでしたが、「ちょうどいい、ここから遥拝《ようはい》しとこう」と数珠《じゅず》を出して、燃える火の方をうやうやしく拝み始めました。

お墓参りにきたついでに、谷の向こうもちょっと拝んでおこうというわけです。こんなふうに、なんでもいいから、かたっぱしから拝んでおこう、どちらかで御利益《ごりやく》があるだろうと、いたって安易にものごとを考える人が随分多いのに、私はときおり驚かされます。神佛を拝むのは心の問題でしょう。入学試験などのように、どこかに入ればよいというのと、問題はまるで違うと思うのですが。人間一人一人の魂の問題であって、救いは自分自身の手もとにあり、他人が左右することはできないはずです。どこもかも拝んでおいて、その中のどれかが当たるだろうと考えるのは、かえって自分を失うことにならないでしょうか。

そういうわけで、「くちにただ称名ばかり」を称える無信称名は、なんの役にも立たないものでありますが、蓮師がこのように声を大にして――すでに引用しましたごとく、五帖御文の中だけでも、五通にわたって説いています。

### 文明六年という年

それでは、門徒《もんと》に無信称名を誡めた文明六年（一四七四）とは一体どんな年だったのでしょうか?

日本史の年表、たとえば『定本五帖御文』の下巻の三〇二～三〇三頁をごらんください。上段の「主要事項」の三月二十八日のところに「吉崎《よしざき》道場の南大門より出火、坊舎炎上」とあります。

このころ、蓮如上人は越前《えちぜん》の吉崎にありました。今日の福井県と石川県の境で、ほとんど日本海から入り組んだ湾のような北潟湖《きたがたこ》の中に半島となって突き出した山の頂上です。今は観光客でにぎわっていますが、当時は大変な片田舎でした。「虎狼《こらう》のすみなれし」と御文（一帖目第八通）にも記されているような人里離れた所でしたが、その山の上を削って平らにして、吉崎御坊《ごぼう》というお寺を建てたのです。もちろんブルドーザなどない時代のことです。想像もつかないくらい大変な工事でしたが、さらに驚くべきは、諸国から集まる信者で、瞬《また》くうちに、そのあたり一帯が都会のごとくなってしまったことです。多屋《たや》（参詣する門徒の泊る場所、宿坊《しゅくぼう》のこと）が九軒、山上に建てられ、真ん中にできた参道の両端に南大門、北大門という門が作られ、山から麓《ふもと》の方にかけて、数百軒の多屋が甍《いらか》を並べたと言います。

わずか一、二年でできた上がった吉崎の町が、三月二十八日、火災に遭って、相当部分が焼失したわけですが、それは吉崎に対して敵意を抱く者の放火によるとのことです。

時は戦国、応仁《おうにん》の乱の真っ最中です。北陸一帯は、他の地方と同じく、群雄が割拠して、鎬《しのぎ》を削っていました。それに加えて、蓮如上人の徳や、浄土真宗の繁栄を嫉《そね》む旧佛教の諸勢力などもあり、吉崎周辺は、複雑な諸情勢の絡む不安の中にありました。

次に、同じ年表の上の段で、七月二十六日として、「加賀《かが》門徒、富樫政親《とがしまさちか》と共に、専修寺《せんじゅじ》門徒と連合した政親の弟幸千代《こうちよ》と戦う」と書いてあります。吉崎のすぐ隣に境を接している加賀の国で戦《いくさ》が始まったのです。もっとも戦だけなら、すでに越前でも起こっています。

同頁の下の段をごらんください。一月十八日、「朝倉孝景《あさくらたかかげ》、甲斐《かい》八郎《はちろう》の軍を越前杣山城《そまやまじょう》に攻めて破る」、閏五月十五日、「朝倉孝景、甲斐八郎を越前崩河《くずれがわ》に破る」などとあります。孝景は敏景《としかげ》ともいい、戦国大名朝倉氏の初代です。応仁の乱で、もともと西軍に属していたのに東軍に寝返るとともに、西軍に留まっている甲斐政盛《まさもり》を攻めたのです。節操も義理もない当時の世相がうかがわれます。朝倉敏景は力だけが物を言う戦国時代の典型的人物でした。話は少々脱線しましたが、北陸の天地はすでに数年来戦乱に明け暮れていたわけで、諸国の門徒はその間を縫って、吉崎に群参していました。ところが、今度は加賀の本願寺門徒、つまり蓮如上人の門徒たちが武器を執《と》って立ち上がったのです。

事の起こりは、加賀の守護《しゅご》である富樫家の内紛でした。兄の政親は東軍を標榜《ひょうぼう》し、弟の幸《こう》千代《ちよ》は西軍につきました。しかし、それとは別に吉崎の繁栄に反感を持つ他の諸宗派、とくに同じ真宗でも専修寺の門徒たちと加賀門徒との反目も激しくなっていました。政親も幸千代も強大な本願寺門徒を味方に引き入れようと誘いかけてきました。もはや中立ということはありえなかったのです。生死を賭けて、どちらかの陣営につくほかありませんでした。

こうして起こったのが、加賀の最初の一向一揆《いっこういっき》です。一向宗《いっこうしゅう》、すなわち真宗《しんしゅう》の人々が集まって起こす一揆という意味です。そして、三〇三頁、下段の一番左を見てください。十一月一日、「富樫幸千代の蓮台寺城《れんだいじじょう》陥落。守護代小杉《こすぎ》某切腹」となっています。本願寺門徒は、政親の軍と連合して、七月二十六日以来、幸千代方と合戦しましたが、敵の本拠、蓮台寺城を陥れて、十一月一日、めでたく勝利を収めたのでした。幸千代は、京都へ出奔し、後に残った彼の部将、小杉は切腹して果てます。

まずやれやれというところです。もし敗けていたらどうなったでしょう。吉崎は敵に蹂《じゅう》躙《りん》されたでしょうし、北陸の本願寺教団は壊滅状態になったかもしれませんね。

一向一揆は成功しました。一向一揆が勝利に飾られたのです。まあ想像してごらんなさい。幾万とも知れぬ門徒の集団、ほとんどそのすべてが、それこそ「一文不通《いちもんふつう》」の、下層農民たちです。まともに甲冑《かっちゅう》などつけていなかったでしょう。槍《やり》を一本持っているぐらいで。しかし、その人々が、蓮台寺城を取り巻く山谷を埋めつくした光景を。今日の言葉で言う「人海戦術」ですね。念佛を守らなければならないという信仰に燃えて、一向《ひたすら》敵城に向かって突撃したのです。山河をどよもす念佛の声が湧き上がったことでしょう。

この戦で、念佛が勝利を収めた、というように当時の人々は受け取ったと思います。ですから、一向一揆というより、念佛一揆という方が適切じゃないかと私は思うのですが。念佛の声というものの力を、敵味方、自他ともに認めたことでしょう。この勝《か》ち戦《いくさ》が、念佛の確かさの証《あかし》と感ぜられました。口に出した、声となった念佛というところに、無信称名に堕する危険を孕《はら》んでいることも考えられましょう。御正忌の章において蓮如上人は、そういう点に対し警告を発したのではなかろうかと思います。たとえ無信称名であるにしても、今日我々の称えるような、苦しい時の神だのみ、あるいは、何でも称えておけば御利益があるだろう式の無信称名とはまったくわけが違います。

十一月一日が合戦の終わった日、そしてこの御文の書かれたのが十一月二十五日、同じ月のうちです。蓮台寺城を攻め落とした勇士たちが、おそらく家へも帰らず、――なぜかと言うと、合戦に参加したのは、加賀の門徒だけではありません。越前《えちぜん》、越中《えっちゅう》、あるいはその他の国々からも加勢に来ています——そのまま御正忌に参詣した、幾万の一向一揆軍が、威風堂々、吉崎へ凱旋《がいせん》したのではないかと思います。古文書を見てもそういうことは記録されていないので、ただ想像するばかりですが、——里に留まっていた婦女子や老人の熱狂的歓迎を受けたことでしょう。

勝ち戦の興奮に沸き立って、御坊の堂内破れんばかりの念佛の大合唱だったにちがいありません。これは勝利の凱歌《がいか》です。念佛が勝ったのだ、念佛はこれからも勝つのだ、という確信と喜びが参詣の人々の胸をいっぱいにしていたにちがいありません。

その群衆に対して、「口先だけで念佛しても救われないぞ」と蓮師はきっぱり言った。——これは常人にできることではないでしょう。煮えたぎる油の上から水を注ぐような、とでも申しましょうか。

蓮師が奨《すす》めた戦ではなかった。彼は逆に力に訴えることを戒めていた。とはいえ、門徒たちは立ち上がって念佛を抑圧しようとした勢力を叩きつぶしたのです。ねぎらいの言葉をかけてもよいところです。御一同の念佛のおかげで勝ったのだと、一応はお世辞を言ってもよい状況ではありませんか。

そこを敢えて水をさすかのように、口先の称名ではおぼつかないと断言する。大変な勇気としか申しようがありません。参詣者のなかには、家族に戦死者を出した人々もあったでしょう。名誉の負傷者も少なくなかったでしょう。そうでなくとも、三ヵ月以上も戦闘に明け暮れて、気も立っていたでしょう。

ところが、この言葉を聞いた信者たちは、それに腹を立てなかった、その辺がすばらしいところですね。みんな、「仰《おお》せのとおりでございます」と思った。我々の称える念佛に利益があるわけではありません。自力の念佛に功はありません。それで戦に勝ったのではありません。弥陀大悲《みだだいひ》の広大な他力のおはたらきを除いて、我々に救いのあろうはずはございません――この御文を拝聴して、きっとその場で、大勢の人々が信心を獲得したにちがいありません。

もっとも、蓮台寺城へ攻め込んだ一向一揆の人々が、口先だけで称名していたというのではありません。その点、けっして誤解のないように願いたいのです。佛法興隆の帰趨《きすう》を賭けた戦よりも、さらにいっそう大事なのが、参詣者一人一人の救いであり、それはすなわち信心である。その信のない称名は無益であるということを、蓮師は説いたのです。

**なぜ無信称名は間違っているのか**

そこで、口先だけの念佛が何故そんなにいけないかを考えてみます。

ただ称えると言ったって、誰しも、ほんとうにただ称えるわけはないでしょう。なにか心の中で期待しているから「ナムアミダ佛」と言うのでしょう。つまり、「私に良いことがありますように、なにも悪いことが起こりませんように」と願いつつ、称名するのです。念佛の中に超自然的な能力があると思うからです。呪文《じゅもん》の一種と考えているのです。このあたりが、とくに大事なところです。「無信称名」とは、結局、「ナムアミダ佛」という言葉に、呪術的効能があると信じて称名することであって、阿弥陀佛の救いに心を委《ゆだ》ねる浄土真宗の信仰とは異なるのです。

浄土真宗では、物忌《ものいみ》とか、方違《かたたがえ》とか、吉凶禍福の占いとか——総称して、一応「呪術的なもの」と言っておきましょう——を嫌います。親鸞聖人の和讃《わさん》にも、

かなしきかなや道俗《だうぞく》の
良時吉日《りやうじきちにち》えらばしめ
天神地《てんじんぢ》祇《ぎ》をあがめつつ
卜占祭祀《ぼくせんさいし》つとめとす

と、迷信に陥ることを戒めています（『正像末和讃《しょうぞうまつわさん》』愚《ぐ》禿《とく》悲《ひ》歎述懐《たんじゅつかい》）。

しかし、今日、真宗の「道俗」でこの教えを守っている人がはたして何人いるでしょうか？　真宗門徒としては、物忌や占いをしてはならないことさえ知らない人も結構あるようです。「今日は友引《ともびき》だからお葬式をしない」とあたり前のことのように言う住職もあります。故人が葬式に参る人たちを死に誘い込むからといって、友引の日の葬式を「忌《い》む」わけです。

これは、太古以来の我が国の風俗習慣に根ざしているものかと思われます。昔は政治のことを「まつりごと」といって、神を祭り、その御託宣《ごたくせん》によって政治が行われていました。一国の政治のみならず、日常の行動の一切が、神の思し召《おぼしめ》しを聞いて行われていたのかと思います。ですから、佛教が渡来しても、お経やお念佛は、お祈りの言葉と受け取られたふしも多分にあります。

今日でも、物忌《ものいみ》とか、方違《かたたがえ》とか、手相学とか、そういったことが日本では盛んですね。物質文明の最高潮に達した今の時代に、なぜこういう占いのようなものがもてはやされるのか不思議に思われますが、あるいはこれは世界的現象かもしれません。

「超能力」とか「透視」とか言うと、少々趣《おもむき》が異なるでしょうが、こういう問題への関心は最近かえって高まってきているようです。たとえば、アメリカなどではテレパシーの研究に随分拍車がかかっているとかいうことで、遠い海の向こうにある潜水艦と本国との間で、テレパシー通信の実験をするなど、およそ非科学的に見えることが、科学の最先端で行われるという、まったく不可解な今日の世の中であります。この分野の開発には、莫大な国費を投じているというのですから、テレパシーというものが、はたしてあるのかないのかなどと議論すること自体、大変な時代遅れということになりかねません。

ところで、占いというか、厄除《やくよ》けというか、そういった話に戻りますが、近頃、超能力を持っているという人々の書などを読むと、この世に強い執着《しゅうじゃく》を持ったまま一生を終わると、霊界へ行きつくことができないで、その魂が悪霊《あくりょう》となっていつまでも人間界を彷《さまよ》うことになる。その悪霊たちが、隙《すき》を見て、生きている我々人間に憑依《ひょうい》するなどと書いてあります。その説くところは著者によって少しずつニュアンスが違いますが、なんでも、悪霊に取り憑《つ》かれたが最後、容易にその呪縛《じゅばく》を逃れることができなくて、さまざまの厄難《やくなん》に遭《あ》う。――交通事故とか、病気とか、あるいは本来自分で望みもしない大それた犯罪を犯すようなことさえある。で、そういうことになったら、すぐさま超能力者のもとへ行って、その悪霊を退治してもらわなければならない、と言うのです。

また、ある超能力者の話によると、我々の病気の大半は憑依霊《ひょういれい》によるのです。その先生は押すな押すなとつめかけてくる患者から、憑依している霊を浄《きよ》めて次々と病気を治しておられるということなのですが、霊には本人の父母兄弟など身内の者もあり、友人もあり、生前中本人に対して怨みを抱いて死んだ者もあります。しかし、また、何百年とか前に斬《き》り殺された武人の霊とかもあって、たまたま本人がその斬殺《ざんさつ》された場所の傍らを通り過ぎたので取り憑かれたとか、やはり数百年前、山で飲食を断って修行《しゅぎょう》したが、ついに覚《さと》りも開けず餓死したという僧侶の霊が、なにかのはずみでいま生きている人に乗り移った、それ以来その人はいくらものを食べても満足しないなどなどの話が山ほど載っています。

死んだ人々の霊という問題について、私はまず、いままでに死んだ人の数ということを考えてみます。人類の発生はいまから二、三百万年前に遡ると言われています。現在の世界人口は六十一億です。昔、人口はもっと少なかったでしょう。しかし、その十分の一あるいは百分の一でもかなりの数です。二十年ないし三十年で新しい世代が生まれますから、かりに二百万年を二十年ごとの世代の交代としてそれで割ると十万回となります。これを一応現在の世界人口の百分の一として六千万に掛けると、六兆という厖大《ぼうだい》な人数になります。これほどの人々がいままでに死んでいるんですね。まさに山野を埋め尽くすといった感じです。それで死霊に取り憑かれたくないから、かつて人の死んだ場所は通らないようにしたいと思っても、それはできることでしょうか？　まして、千年の都、京都の場合などですと、前後左右どこを見ても死者の出たことのない所なんてないと言っていいくらいでしょう。死霊を気にしたら、道も歩けないし、他人《ひと》の家も訪ねて行けません。一軒の家に――家が焼けたりして建て直しても、霊はそこに残ると言いますから――少なくても、百人ぐらいの死者は出ていると見なければなりません。ほんとうに足の踏み場もありません。地球上は、人類の、そしてさまざまな動物の墓場なのです。我々はその墓場の上で寝起きし、墓場の上を歩き廻って毎日を暮らしているのです。死者が祟《たた》るとしたら避けようがあるでしょうか？

「いや、霊界へ立ち去った死者たちじゃなくて、この世に執着があって留まっている霊だけが問題なんだ」と、皆さんはおっしゃるかもしれません。そこで考えていただきたいのは、人生に満足して死ぬ人は一体どのくらいあるだろうかということです。私自身としては、そういう人にいままであまり会ったことがありません。死期に当たって、「もっと生きたい」

というのがむしろ、人間の最も自然な感情ではないでしょうか？　いくら仕合わせであっても、またいくら長生きしても、もうこれで充分、思い残すところなしということに、たとえ口で言っても、心の奥底までなかなかならないのではありますまいか？

話は少々飛躍しますが、神社の中には、非業《ひごう》の死を遂げた人を祀《まつ》った所がありますね。全国どこにでも建っている天満宮《てんまんぐう》は菅原道真《すがわらのみちざね》をお祀りしてあります。彼は藤原時平《ふじわらのときひら》の讒言《ざんげん》に遭《あ》って大宰府《だざいふ》に流され翌々年世を去りましたが、人々は彼を憐れみ、また、祟りを恐れて方々に神社を建立《こんりゅう》しました。彼の場合のように、この世に遺恨を残して死んだ人の霊を慰めるために建てられた神社はずいぶん多いです。

菅原道真のことは有名ですが、平安時代後半、政権を独占した藤原氏のために亡ぼされて怨みを呑んだ氏族はどれだけあるか分かりません。同じ藤原氏の中でも恵美押勝《えみのおしかつ》、藤原薬子《くすこ》、藤原伊周《これちか》・隆家《たかいえ》兄弟など同族同士の争いに敗れて死んだり、懊悩《おうのう》のうちに一生を終わった人も大勢あります。

いまは平安時代のことをちょっと例に挙げただけですが、こんなふうにいつの時代でも激しい政権の争奪が行われて、その中のほんの一部の人々が勝利を収めて繁栄し、他の大部分の氏族や家々は失意の中に政治の中枢から遠ざけられてしまっています。

これは一国の政府の内部でのみ起こる争いでしょうか？　いえ、こういう現象は、地方でも、そして、社会のあらゆる階層で起こっています。争いに勝ち誇るのは、常に、ごく少数で、大部分の人々は、非運をかこちつつ一生を終わります。もし娑婆《しゃば》に満足しないで命を終えた霊がこの世に留まるというのだったら、過去の死者のうち、相当部分がそれに当たっていはしますまいか？

霊能者《れいのうしゃ》たるその本の著者は、彼の所へ訪ねて来る患者から、憑依霊を取り除き、浄霊《じょうれい》して霊界へ送ってやると書いていますが、どんなに力のある霊能者にしても、その人の救い出せる悪霊には限りがあると申さねばなりません。それはまさに九牛《きゅうぎゅう》の一毛《いちもう》というものでしょう。彼のおかげで、私たちの憑依される確率は低くはならないのです。

霊能ということに一向縁《えん》のない私は、この書の信憑《しんぴょう》性を論じることはできません。しかし、問題は、真偽をたしかめることではないと思います。要は、こういう超能力者、霊能者の証言で、私たちははたして安心できるかどうかということでしょう。実のところ、不安がますますつのるばかりではありませんか。

憑依霊はすでに山野に満ちています。しかも、あとからあとから増えていきます。なぜなら、刻々に人は死ぬし、その中の多くが、この世の中を呪って命を終わるからです。霊能者たちがどれだけ浄霊《じょうれい》に努めても、とうてい追い着くものではないでしょう。これはまったく絶望的な話です。

こうなると、私たちは、先祖の祟りはないだろうか、どこかで呪いにかけられないだろうかと、時々刻々、戦々兢々《せんせんきょうきょう》として暮らすほかないでしょう。でも、私はそこで考えたいのです。「はたして私はこの世の中に満足しているだろうか？」——言うまでもなく私は不平不満でいっぱいです。怒りや憎しみばかりです。私は誰かに呪われているかもしれない。憑依霊が私に取り憑こうとしているかもしれない。しかし、私の方で、時に世の中を呪うことのあるのも事実です。よしんば憑依霊に取り憑かれないで一生安穏《あんのん》に暮らしたとしても、死後、私自身が憑依霊にならない保証はどこにもないのです。

私たちは、外から災いが来ないかどうか、ずいぶん神経質になりますが、私たちの方が世間に迷惑をかけていないかどうか、災いのもとになりはしないかどうか、つねに反省しているでしょうか？

それについて、私は次のようなことを考えるのです。人間には目がある。目があるけれども自分は見えない。せいぜい手とか足くらいで自分の顔は見えない。鏡を見て初めて自分というものが分かる。だから、鏡というのは人類文明の中の大発明だったと思います。電気や原子力やそんなものよりもっと、はるかに大きな発明。自分というものを見る、大きな発明だったと思うのです。犬なんかだと鏡に向かって吠《ほ》えますね。自分だと分からないからでしょう。畜生は自分というものを知らない。自分を見たことがない。人間は鏡を発明したから、鏡によって自分が見えるわけです。ところが、他人だと何も鏡はいらない。皆見えます。その動きが全部細かく分かる。それに反して、自分のしていることは分かりません。だから、一番大切なこと、一番身近なことが実は一番遠い。大事でない、つまらないことのように思う。そして、外のことが大事だと思う。だけど、本当を言えば、他人よりは自分が、外のことより内のことの方が、はるかに大事なんです。

その証拠に、今度は、自分が他人《ひと》を殴ったとします。すると、その人は痛いと思うけれども、自分はなんともない。逆に他人から殴られると、自分の方が痛いわけです。

つまり、他人あるいは外界の動きは些細なことまでよく分かるが、その痛み、苦しみは分からない。反対に、自分の痛み、苦しみは切実だが、自分の行為はよく分からない。したがって、それに無頓着、無責任になりやすい。人間は、相手を責めるのに急で、自分の事は省みないのです。

人というのは、このように、先天的に矛盾した存在なのでしょう。自分で自分が見えないという情けない宿業を負って生まれてきているのです。災いははたして外から来るのか、内にあるのか――私は、超能力の先生の言われる憑依霊を気にするより、他にすることがあると思います。自分で自分を見ることができない、つまり自分自身を知らないのが人間なのだと気づくのが肝心なことではないでしょうか？　しかもそれは、自分で気づくのではなく、佛によって気づかされるのである、如来の光明の中に、それまで見えなかった自分自身の姿が映し出されるのだと蓮師は教えるのです。けれども、このことは、御文の中で「光明」のことが説かれている他の章を読む時、あらためて考え直したいと思います。そして、光明に照らされることがそのまま信心の獲得《ぎゃくとく》であると思います。

繰り返しになりますが、目が外を向いているために、些細なことにばかり気を取られて、いつも忘れている、何よりも大事なこと、それが自分自身の救済であり、それこそが信心であります。

「御正忌の章」の最初から五行目までの、

「抑《そもそも》この御正忌《ごしやうき》のうちに参詣《さんけい》をいたし、こころざしをはこび、報恩謝徳《ほうおんしやとく》をなさんとおもひて、聖人《しやうにん》の御《おん》まへにまゐらんひとのなかにおいて、信心《しんじん》を獲得《ぎやくとく》せしめたるひともあるべし。また、不信心《ふしんじん》のともがらもあるべし。もてのほかの大事《だいじ》なり」

は、このことを述べたものにちがいありません。それは、仕事など、外界のことにのみ気を取られている普段には、信心獲得はなかなか達せられるものでなく、静かに自分を見つめられ、また同行《どうぎやう》の人々とも語り合うことのできる御正忌中に信心を獲得するようにせよ、とのいましめであります。

そうはいっても、物忌《ものいみ》をしたり、方角を占ったり、交通安全を祈願したりするのは、人間界が、いつ、どんな不幸が襲ってくるか分からない、「不定のさかひ」だからであります。それゆえ、「常住の極楽」を御文の著者はわれわれに勧めます。それは安心決定《あんじんけつじやう》によるほかはなく、それが次の数行に説かれています。

「そのゆゑは、信心《しんじん》を決定《けちぢやう》せずば、今度《こんど》の報土《ほうど》の往生《わうじやう》は不定《ふぢやう》なり。されば、不信《ふしん》のひともすみやかに決定《けちぢやう》のこころをとるべし。人間《にんげん》は不定《ふぢやう》のさかひなり。極楽《ごくらく》は常住《じやうぢゆう》の国《くに》なり。されば、不定《ふぢやう》の人間《にんげん》にあらんよりも、常住《じやうぢゆう》の極楽《ごくらく》をねがふべきものなり。されば、当流《たうりう》には信《しん》心《じん》のかたをもてさきとせられたる、そのゆゑをよくしらずば、いたづらごとなり。いそぎて安心決定《あんじんけつぢやう》して、浄土《じやうど》の往生《わうじやう》をねがふべきなり」

そして、この章の冒頭よりここまで、十二行にわたって、信心の必要性を強調して来た師は、その信心とは、もちろん「無信称名」ではないことを、前段最後の四行半で明言して、結論としています。

「それ、人間《にんげん》に流布《るふ》して、みなひとのこころえたるとほりは、なにの分別《ふんべち》もなく、くちにただ称名《しようみやう》ばかりをとなへたらば、極楽《ごくらく》に往生《わうじやう》すべきやうにおもへり。それはおほきにおぼつかなき次第《しだい》なり」

ここにも、前節と同様、「極楽に往生」するというのが、いわば我々衆生の目標として掲げられています。真宗のみならず、佛教全体にわたって、極楽往生というのは重要な課題《テーマ》ですが、これについては、またいつか別の機会に検討することにして、ここでは、一応それを「助かる」という言葉に置き換えて、次に詳しく考えてみたいと思います。

## たすかる

本章前段部の結論（第四節）を、三帖目第五通にある、「ただ、なにの分別《ふんべち》もなく、南无《なむ》阿弥陀佛《あみだぶち》とばかりとなふれば、みなたすかるべきやうにおもへり。それはおほきにおぼつかなきことなり」と比較してみますと、表現がよく似ていて、「極楽に往生」が「たすかる」と書き換えられたようになっています。

そこで、この「たすかる」ということですが、前述の物忌《ものいみ》や占いにしても、憑依霊の問題にしても、そして無信称名のことにしても、結局は助かるのを期待してのことではないでしょうか？　その点、本当の信心と、いわば同一目標に立っていると言えましょう。

およそ人生に問題がないという人はないと思いますが、そういう意味で、人はみな、助かりたいと思っているわけです。だが、その問題がどこにあるのか分からない。というより、たいていの人はそれが外にあると考える。禍《わざわ》いは外から来ると思う。ですから、物忌や無信称名に頼って、厄逃《やくのが》れしようとする。蓮師の言葉を借りれば、それが「なにの分別もなく」ということに当たります。つまり、どうすれば本当に助かるのかと深く考えもしないで、なんでもお呪《まじな》いがあればそれにとびつく。そして、お念佛もそのお呪いの一つだと思い込んでしまっているということであります。

ところで「たすかる」というのは、いったいどういうことでしょうか？　我々凡夫にとって、それは結局、「死なない」という以外の何ものでもないでしょう。危ない目に遭ったけれども、死なないですんだとき、我々は「助かった！」と言うでしょう。人間には煩悩《ぼんのう》というものがあると言われますが、煩悩のもとは、突き詰めてゆけば、最後は、「生きていたい、死にたくない」という一事に尽きます。

しかしながら、そういう意味において「助かる」ということは、悲しいかな、我々人間にはありえないのです。だれしも、いつかは必ず死ぬのです。いつまでも死なない人なんてありえません。――これは、いまさら言うまでもなく、あたりまえのことです。ところが、この分かりきった事実を前にして、我々凡夫は、どこまでも「助かろう」と悪あがきするのです。

そこで、たとえば前に申しました友引の日に葬式を嫌うというようなことになるわけですが、それではたして命が助かるでしょうか。大安《だいあん》の日にも友引の日と同じぐらい死人は出るのです。これをどう説明したらよいのでしょう？

テレパシーとか超能力とか、ものごとを予知する力によって、あるいは一時的に死の危険を逃れることもできるかもしれません。しかし、永遠に生きるというのはどうしても不可能です。身体の機能がいつかは停止する時が来るからです。死は、いわば人間の内側からやって来るのです。

この明白な事実をあくまでも否定して、我々は禍いがいつも外から来ると思う、というより思いたがるのです。故意に錯覚しようとするのです。自己欺瞞です。本来、内にある悩みごとを、外のせいにするわけです。人生には実にさまざまな問題があるように見えるけれども、結局は、それらは、すべて我々自身の中に潜《ひそ》む根源的な矛盾に由来するのです。

この矛盾の解決を、我々はつねに外に求めます。世の中が悪いと言ってみたり、自分のつねづね交渉をもたねばならない特定の人物を非難してみたりします。それが自分の属している家族の一員であることも、しばしばあります。つまり、親子、夫婦、兄弟の間で、お互いに反目し合うことが多いのです。

でも、我々は、いつも憎悪をこととしているとはかぎりません。いろいろなかたちで外界の事物に夢中になります。仕事、学問、商売、それに恋愛、賭博《とばく》など――「良いことも、悪いことも、いっしょくたにして」と憤慨なさるかもしれませんが、我を忘れて打ち込むという点において共通するものがあるでしょう。とにかく、なにか一つのことに生き甲斐を見出すというのは、それなりに結構なことですが、しかし、何かの具合でそこに破綻がきたとき、人間は我に返り、取り残されたような自分を感じます。

やっぱり、人生というものが、自分の外にあるのでなくて、内にあるものだからではないでしょうか。解決を外に求めるのは、自分自身に対するごまかしで、窮極的には一時の気休めだったということになりますまいか。我々は、なにか一所懸命、自分自身を欺《だま》して生きているような気がします。我々には何が自分の救いなのか分からない。我々はどうすれば助かるのか知らないのです。

そこで、前に私は、人間は自分の目で自分が見えないようにできているということを申しましたが、そのことを、もう一度考えていただきたいのです。人間には、外の世界はよく見えるけれども、自分自身が見られない。また、我々が他人《ひと》を殴った場合など、その相手の痛みは我々の方には分からない。つまり、人間は自分が何であるかも知らないし、自分が何をしているのかも分からないということです。

釈尊《しゃくそん》は、我々有情《うじょう》の根本的な煩悩として、「無明《むみょう》」ということをお説きになりましたが、これが釈尊の教えの出発点と言ってもいいかと思います。人間は本来目が見えないのである、無知なのだと言われたのですが、私は、この無明とは、とくに自分自身が見えないということで問題なのだと思うのです。無知なるがゆえに「なんの分別もなく、口に称名ばかりを称える」、すなわち「無信称名」をするのです。

釈尊の教え、「佛法」は、要するに、われわれが、自分自身を見ることができないと知ることであり、したがって、自分で自分を見えるようにしてくれる「法《みのり》」にほかならないと思います。そして、それは、蓮師の御文によれば、「南无阿弥陀佛の六《むっ》の字のこころをよく」知ることとなのです。

先に、本章を二段落に分けましたが、その後段部分は、六字釈の説法であります。しかし、前半、無信称名の段で、少々長談義をしてしまいました。したがって、六字釈のことにつきましては、同帖十三通目に詳しく説かれていますので、その章を読みながら考えることにして、「御正忌の章」は、これでいったん、おしまいとします。

# 五帖目第十三通　无上甚深の章

夫《それ》、南无阿弥陀佛《なむあみだぶち》とまうす文字《もんじ》は、そのかずわづかに六字《ろくじ》なれば、さのみ功能《くのう》のあるべきともおぼえざるに、この六字《ろくじ》の名号《みやうがう》のうちには、无上甚深《むじやうじんじん》の功徳利益《くどくりやく》の広大《くわうだい》なること、さらにそのきはまりなきものなり。されば、信心《しんじん》をとるといふも、この六字《ろくじ》のうちにこもれりとしるべし。さらに、別《べち》に信心《しんじん》とて六字《ろくじ》のほかにはあるべからざるものなり。

そもそも、この南无阿弥陀佛《なむあみだぶち》の六字《ろくじ》を善導釈《ぜんだうしやく》していはく、南无《なむ》といふは帰命《きみやう》なり。またこれ、発願廻向《ほちぐわんゑかう》の義《ぎ》なり。阿弥陀佛《あみだぶち》といふはその行《ぎやう》なり。この義《ぎ》をもてのゆゑに、かならず往生《わうじやう》することをう、といへり。しかれば、この釈《しやく》のこころをなにとこころうべきぞといふに、たとへばわれらごときの悪業《あくごふ》・煩悩《ぼんなう》の身《み》なりといふとも、一《いち》念阿弥陀佛《ねんあみだぶち》に帰命《きみやう》せば、かならずその機《き》をしろしめして、たすけたまふべし。それ、帰命《きみやう》といふは、すなはち、たすけたまへとまうすこころなり。されば、一念《いちねん》に弥陀《みだ》をたのむ衆生《しゅじゃう》に无上大利《むじゃうだいり》の功徳《くどく》をあたへたまふを発《ほち》願廻向《ぐわんゑかう》とはまうすなり。この発願廻向《ほちぐわんゑかう》の大善《だいぜん》・大功徳《だいくどく》をわれら衆生《しゅじゃう》にあたへましますゆゑに、无始曠劫《むしくわうごふ》よりこのかたつくりおきたる悪業《あくごふ》・煩悩《ぼんなう》をば一時《いちじ》に消滅《せうめち》したまふゆゑに、われらが煩悩《ぼんなう》・悪業《あくごふ》はことごとくみなきえて、すでに正定聚《しゃうぢゃうじゅ》・不退転《ふたいてん》なんどいふくらゐに住《ぢゅう》すとはいふなり。このゆゑに、南无阿弥陀佛《なむあみだぶち》の六字《ろくじ》のすがたは、われらが極楽《ごくらく》に往生《わうじゃう》すべきすがたをあらはせるなりと、いよいよしられたるものなり。されば、安心《あんじん》といふも信《しん》心《じん》といふも、この名号《みゃうがう》の六字《ろくじ》のこころをよくよくこころうるものを、他力《たりき》の大信心《だいしんじん》をえたるひととはなづけたり。かかる殊勝《しゅしょう》の道理《だうり》あるがゆゑに、ふかく信《しん》じたてまつるべきものなり。あなかしこ、あなかしこ。

〈現代語訳〉

南無阿弥陀佛《なむあみだぶつ》という文字は、その数がわずか六字なので、そんなに有情利益《うじょうりやく》のはたらきがあるようにも思えませんが、実はこの六字の名号《みょうごう》の中には、この上ない、はなはだ深い功《く》徳《どく》・利益《りやく》があります。それは広大で、無際限であります。

そこで、信心《しんじん》を得るということも、この六字の中に含まれていると知らなければなりません。信心といっても、六字以外に、特別にあるわけではないのです。

ところで、「南無阿弥陀佛」の六字を、善導《ぜんどう》大師は解説して、「『南無』は『帰命《きみょう》』のことであり、また『発願廻向《ほつがんえこう》』という意味でもある。『阿弥陀佛《あみだぶつ》』は、(右に述べた『十行』の)その『行』に当たる。このような意味があるので、(『観無量寿経《かんむりょうじゅきょう》』に見られるごとき下品下《げぼんげ》生《しょう》の悪人でも)必ず往生《おうじょう》することができるのだ」と言われました。

それでは、この解説の趣旨をどう理解すべきでしょうか? それは――たとえ、我々のように、悪業《あくごう》を重ねた、煩悩《ぼんのう》の深い者であっても、ひたすらな惟《おも》いで、阿弥陀佛の教えに従うならば、佛はそういうわれわれのことをよくご存じになって、必ずお助けくださるのです。

「帰命《しゅじょう》」とは、「助け給え」という意味です。そして、ひたすらな惟いで、弥陀《みだ》を恃《たの》みとする衆生に、この上ない涅槃《ねはん》の覚《さと》りを得さしめる功徳をお与えになることを「発願廻向」というのです。この「発願廻向」の持つ大善根《だいぜんごん》、大功徳《だいくどく》を我々衆生にお与えくださるので、また、無始曠劫《むしこうごう》よりこのかた、我々の造った悪業や煩悩を一ぺんに消滅してしまわれるので、それの消えた我々衆生は、正定聚《しょうじょうじゅ》・不退転《ふたいてん》という位などに達するのです。

それゆえ、南無阿弥陀佛という六字の内容は、我々が極楽《ごくらく》に往生していく様子を表わしているのだと（善導の註釈や私の話によって）いっそうよく分かったでしょう。だから、安心《あんじん》と言っても、信心と言っても、この名号の六字の意味の中に籠《こも》っています。それをよくよく心得た人を、他力《たりき》の大信心《だいしんじん》を得た人と呼ぶのです。（今まで私の話してきたことは）このようにすばらしい真理を含んでいるのです。ですから深く信じるようになさい。

〈由来〉

この五帖目第十三通は、初めから終わりまで、全章にわたって六字釈談義《ろくじしゃく》です。六字には「无上甚深の功徳《むじょうじんじん》」があると述べられていますので、一応《いちおう》「无上甚深の章」と呼ばれます。「六字釈」は、浄土真宗《じょうどしんしゅう》の中心とも言うべき教えで、五帖御文《ごじょうおふみ》でも、随所《ずいしょ》にその説法《せっぽう》が見られます（三帖目第六通前半、同第八通中ほど、四帖目第八通の終わりのあたり、同第十四通全章、五帖目第五通の初めの方など）。

〈段落〉

本章は、信心は六字のほかにはないという呈示部《ていじ》と、行が改まって、「そもそも……」以後の、そのわけを解説した展開部とに分かれると見られ、最後の「かかる殊勝の……」からは、ごく簡潔な結語となっています。呈示部の前半には六字の功徳、後半「されば……」には、六字すなわち信心であることが示されています。展開部では、最初に善導大師の釈文《しゃくもん》を引用し、次にこの引用の全般的な意味を述べ、さらに「帰命《きみょう》」と「発願廻向《ほつがんえこう》」を個別に解説し、最後に「南無阿弥陀佛」の中に、我々の極楽往生の謂《いわ》れのあることが明らかにされます。そして、我々に信心を勧めて結語としています。

このことを図示してみましょう。

五帖目第十三通

- 呈示部
  - 前段（六字の功徳）
  - 後段（六字即信心）── されば、信心をとるといふも……(4)
- 展開部
  - 第一段（善導釈文の引用）── そもそも、この南无阿弥陀佛の……(8)
  - 第二段（引用文解説）
    - 第一節（全般的解説）── しかれば、この釈のこころを……(11)
    - 第二節（帰命より発願廻向へ）── それ、帰命といふは……(15)
    - 第三節（発願廻向より即是其行）── この発願廻向の……(18)
  - 第三段（六字は極楽往生のすがた）── このゆゑに、南无阿弥陀佛の……(23)
- 結語 ── かかる殊勝の道理あるが……(27)

［呈示部］

〈語釈〉

それでは、私が仮に呈示部と申しました初めの部分の難しい用語について考えてみましょう。

○功能《くのう》　中村元先生の『佛教語大辞典』によりますと、「①（結果を）生ずるはたらき。②はたらき。③能力があること。④効果」とあります。つまり、「効果をもたらす能力」というふうに私は考えますが、とくに、佛の有情《うじょう》を利益《りやく》するはたらき、徳であります。

○功徳　①よい性質。②福、福徳。善いこと。③すぐれた結果をもたらす能力。④善い行ない。万行《まんぎょう》をいう。⑤偉大な力。⑥（佛が教え示した道を進もうとする心のための）資糧《しりょう》。⑦善行《ぜんぎょう》の結果として報いられる果報《かほう》。修行《しゅぎょう》の結果得られる恵み。⑧利益、すぐれた点。⑨すぐれた結果を招く能力が、善の行為に徳として具わっていることをいう。⑩はたらき、効用。⑪念佛行《ねんぶつぎょう》に徳として具わっているところのすぐれた結果を招くはたらき――など、右の辞典は多種の意味を掲げています。普通、梵語《ぼんご》「グナ」の漢訳語ですが、『大経《だいきょう》』（『大無量寿《だいむりょうじゅ》経《きょう》』）に用いられた功徳（サンブハーラ）の意味として、「幸運の原因。福祉のもとたる善《ぜん》根《ごん》。すぐれた結果をもたらす能力」と解すべきでしょう。また右のお経の「名号《みょうごう》」、すなわち「南無阿弥陀佛」について、「威神功徳不可思議《いじんくどくふかしぎ》」とか「無上功徳」というような形容がなされていることから、蓮如上人はここに、「无上甚深《むじゃうじんじん》の功徳利益《くどくりやく》の広大《くわうだい》なる……」と書いたものでしょう。

○利益　同じく右の辞典には「佛の教えに従うことによって得られる幸福、恩恵」などと書かれています。もっともこれは法然上人《ほうねんしょうにん》の『選択集《せんじゃくしゅう》』や親鸞聖人《しんらんしょうにん》の弟子の書いた『歎異抄《たんにしょう》』などに用いられたときの意味と但書《ただしがき》されています。「利益《りやく》」は佛教全般に広く用いられる言葉ですから、宗旨によって言葉のニュアンスも幾分異なり、その中で、浄土教《じょうどきょう》ではとくに右のような意味に用いるわけです。

そこで、功徳《くどく》と利益はどう違うのかということですが、功徳の方は「幸運の原因」であって、その結果得られた「幸福」が利益でしょう。功徳はいわば人に利益を与える能力と考えられます。しかし、この両語が、いつでも厳密に区別されるというものでもなく、混用も稀《まれ》ではありません。とくに、この原文《テクスト》のように、「功徳利益」と一つの熟語になっている場合にはなおさらです。

### [展開部第一段]

〈解説〉

次は、第十一通後段前節にもある、善導大師のいわゆる六字釈引用の部分です。これは、四帖目第十四通など、原文で全部、しかも返り点なしの棒読みで紹介されてあります。つねに原典に立ち返って、ものごとを考えるのが大切ですが、他には返り点読みをしてあるところもあり、私は一応左に返り点読みを掲示します。

南無と言ふは即《すなは》ち是帰命《これきみやう》、亦是発願廻向之《またこれほちぐわんゑかうの》義《ぎ》なり。阿弥陀佛と言ふは、即《すなは》ち是其《これそ》の行《ぎやう》なり。斯《こ》の義《ぎ》を以《もつ》ての故《ゆゑ》に必ず往生《わうじやう》を得《う》と。

善導大師は問答形式で文章を書いています。『観無量寿経《かんむりょうじゅきょう》』の中に、「十声《じっしょう》の称佛《しょうぶつ》」ということが説かれているが、その中には十の願《がん》と十の行《ぎょう》が含まれているという説法に対し、「どうして含まれていると言えるのか？」という問いがあり、それに対する答えとして、右の文が書かれているのです（最後の「と」は答えて何々と言うのとです）。

「帰命」については、すでに第十通に関する所で説明いたしましたが、ナマスという梵語に、南無という漢字を宛《あ》てたのであり、意味の上から訳した漢語が帰命であります。ですから、最初の句にはなんの問題もなく、単なる説明なのですが、下の句の「亦是発願廻向之義」というのが難しいです。

〈語釈〉

○発願廻向　「発願《ほつがん》」は梵語でプラニドㇵーナンで、『阿弥陀経《あみだきょう》』に「衆生聞者、応当発願願生彼国（衆生にして〔極楽国土および阿弥陀佛と聖衆《しょうじゅ》のことを〕聞く者あらば、まさに願を発してかの国に生まれんと願うべし）」とあります。①願を起こすこと。②覚《さと》り（菩提《ぼだい》）を求める心や、浄土《じょうど》を完成し、人々を救おうという心を起こすこと。③浄土に往生したいと願うこと。

「廻向《えこう》」①方向を転じて向かう。②覚《さと》りに向かって進む。③向かわしめる。めぐらす。ふり向ける。④自己が行った善根《ぜんごん》をめぐらしひるがえして、一切衆生の覚りのためにさし向けること、また、自分の修めた善行功徳《ぜんぎょうくどく》を覚りに向かってめぐらす行為。称名《しょうみょう》の功徳を浄土にふり向けまいらすこと。思いをめぐらして浄土往生《じょうどおうじょう》の一道に向かう。

真宗《しんしゅう》では、阿弥陀佛が転じ向かわしめることであります。

「発願廻向」①願を起こして廻向すること。②浄土教では、浄土に生まれたいと願い、すべての善根功徳を往生の目的にさし向けること。

宗祖においては、阿弥陀佛が、衆生を救おうとの願いを起こし、救いの因《いん》を与えてくださったこと。『教行信証《きょうぎょうしんしょう》』「行巻《ぎょうのまき》」に、「言《フ》㆓発願廻向㆒者《トは》、如来已《ニ》発願《シテ》廻㆓施《セシタマフ》衆生《ノ》行《ヲ》㆒之心也」（発願廻向と言ふは、如来、已《すで》に発願して、衆生の行を廻施したまふの心なり）とあります。つまり、佛が衆生を救いたいと思し召《おぼめ》すのが発願、そのために、善根功徳を私に与えてくださるのが廻向です。

この「行巻」の一行は、善導大師の六字釈に基づいての法義です。

右のような説明では、もう一つピンとこないかもしれません。それで、言い換えますと、

一、願を起こして、それに向かって善行功徳を修めるというのが、「発願廻向」の、佛教

全般的な意味です。
　二、浄土教としては、浄土に生まれたいと願い、すべての善根功徳を往生の目的にさし向けること。
　三、右の『教行信証』の「行巻」などに見える真宗の立場としては、阿弥陀佛が衆生を救おうと願いを起こし、救いの因を与えてくださったことです。
　つまり、発願し廻向するのが、他宗では、我々衆生の側であるのに対し、真宗では、阿弥陀佛のお差し向けと見る根本的な違いがあります。ですから、親鸞聖人ならびに蓮如上人の教えには、善導の六字釈からの大きな展開あるいは転回があるので、それだけに真宗の六字釈は難しいわけです。同時にそれが真宗の妙味とも言えましょう。覚りをひらきたいという善いこころを起こすこともできず、それに向かって善行を積む力もない、我々有情の非力に対する、親鸞聖人・蓮如上人の思いやりの気持ちを惟《おも》うべきでしょう。
○その行なり　南無が発願廻向であるとは、おおむね分かるような気がします。南無はもと佛陀《ぶつだ》（＝釈尊）の前に跪《ひざまず》くという意味でしたから、佛を礼して、善心《ぜんしん》を起こし、善行に励むということで、佛教本来の意味に理解しても、いわば筋の通ることですし、また、阿弥陀佛の御命令に従って、廻向をいただいて、浄土往生を願うという、浄土真宗の領解《りょうげ》によっても、納得できることです。
　しかし、「阿弥陀佛といふは、その行なり」とはどうも分かりにくいことです。第一、「その（其）」という指示代名詞はいったい何を指すのでしょうか？　わたしがいままで読んだかぎりにおいては、どの書にも説明がありませんでしたので、長い間自分で考えての結論を一応申します。この六字釈の文の少し手前に、

「十声の称佛は、即ち十願十行《じふぐわんじふぎやう》有りて具足《ぐそく》す」

となっています。「十声の称佛」つまり、十遍「南無阿弥陀佛」と称えることの中に、十願と十行が具わっているというのですが、南無が発願廻向であるからには、南無の方に願の含まれていることはすでに分かった。それで、行の方は、阿弥陀佛の方にあるというわけです。

阿弥陀佛とはすなわち、十声の称佛の中に具わっている其（その）十行のことなのだ。――私はこのように解釈しました。「其行（その行）」の〝その〟は、「十行」の行を指す指示代名詞です。

○この義をもてのゆゑに、かならず往生することをう　善導大師が、なぜこういうことを言ったかというと、その当時摂論宗《しょうろんしゅう》という一派があって、佛に成るには、願を起こし、行を励まさねばならぬが、十念《じゅうねん》の称名、つまり十回念佛を称えるというぐらいで、行をしたとは言えない。そこには願だけがあると言うべきである。願だけでは極楽往生はできないと主張しました。たしかに、『観無量寿経』に、作らない悪とてなく、善は行ったことがないという大悪人が、臨終《りんじゅう》に十念称名して往生したと説かれてはいるが、それを言葉どおりに受け

取ってはならない。それは、たとえば一文銭が千円になると言うとすると、それは嘘ではないのと同じである。永い永い後には利子が積もって千円になるからである。この悪人も、はるか遠い来世《らいせ》には、往生することもあろう。それをすぐにも往生するかのごとく示されたのは、佛の方便《ほうべん》の説なのだ、というわけです。

これに対し、善導大師は、自力《じりき》をもって見るから、他力の佛のお計《はか》らいが分からないのだ。念佛往生は方便説ではない。阿弥陀佛が成就《じょうじゅ》なさった「南無阿弥陀佛」の中に、われわれ有情のなすべき願と行とが具わっている。佛のお手元の願行《がんぎょう》をいただいたのだから、どんな悪人でも必ず往生できると示しました。

**六字釈　玄義分**

以上が、善導大師の著『観経四帖疏《かんぎょうしじょうしょ》』の「玄義分《げんぎぶん》」に見える有名な六字釈であります。われわれは佛に成る、覚《さと》りを開くためには、まずその願《ねがい》、大願心《だいがんしん》を起こし、万善万行《まんぜんまんぎょう》を修して、願を成就すべきでありましょう。しかし、過去に積んだ我々の罪業《ざいごう》はまことに深く、善根を植えるどころか、ますます煩悩に迷って、自分の力ではとうてい救いの道を見出すことができないのであります。

しかるに、阿弥陀佛は我々有情に代わって本願《ほんがん》をたて、五劫《ごこう》の修行の後に覚りを開かれた、というのが浄土教の教えです。佛は私《わたし》に代わって、私の願行を成就してくださり、それを我々に与えられる、廻向されるのです。

佛が私を救う、私が佛に救われるというのは、言い換えれば、佛が私の願行を成就されたということで、杉紫《すぎし》朗《ろう》師の『御文章要義講話』によると、前者を形式とすれば、後者は内容であります。

そこで、六字の名号によって、私は佛の救いに会うのですから、六字には当然、この形式内容の両面がなければなりません。古来、宗学者《しゅうがくしゃ》は、この両面のうち、形式、すなわち救済の面を機《き》法門《ほうもん》、内容、すなわち願行の面を願行門《がんぎょうもん》と名づけてきました。救われる衆生、私の方を「機《き》」、救う佛の方を「法《ほう》」と言うからです。

善導大師の玄義分の教えは、

南無＝帰命＝発願廻向＝願

阿弥陀佛＝行

となって、一応願行門の示し方と受け取れます。先にも申しました十声の称佛に十願・十行が具足しているという、六字釈の一行前の提示が明らかにこれを示しています。

右の「帰命」と「発願廻向」、それから「阿弥陀佛と言ふは、即ち是其の行なり」の「即ち是其の行なり」を「即是《そくぜ》其行《ごぎょう》」と漢読みして、この三つを宗学者は六字の三義と名づけています。「発願廻向」と「即是其行」で願行門であるというわけです。けれども、この願と行とが称佛によって衆生に与えられ、衆生が受け取って往生することになるのですから、そここに与える法たる佛と、与えられる機たる衆生が言外に示されているという意味において、機法門であると見ることもできます。しかも、その受け取るというのが帰命の意味です。佛の仰せに願行がこめられていて（法）、それに従うとき、願行が機に受け取られます。同じ善導大師の『往生礼讃《おうじょうらいさん》』に「摂取不捨故名阿弥陀」（摂取《せっしゅ》して捨てざるが故に阿弥陀と名づく）とあり、阿弥陀佛とは、まさしく「助ける」ということであると示されているのを考え合わせると、「発願廻向」と「即是其行」を法、「帰命」を機と見て、玄義分の六字釈も、機法門の説法と理解できましょう。ただし、善導大師は、発願廻向とは、やはり、衆生が浄土に往生したいと願い、そのために、衆生の善根功徳を佛に廻向するとしていたようで、阿弥陀佛の本願であり、修行であるとする浄土真宗の立場とは異なることとなります。いわば、玄義分の真宗的領解《りょうげ》とでも申しましょうか。

まとめに、右のことを図示してみます。

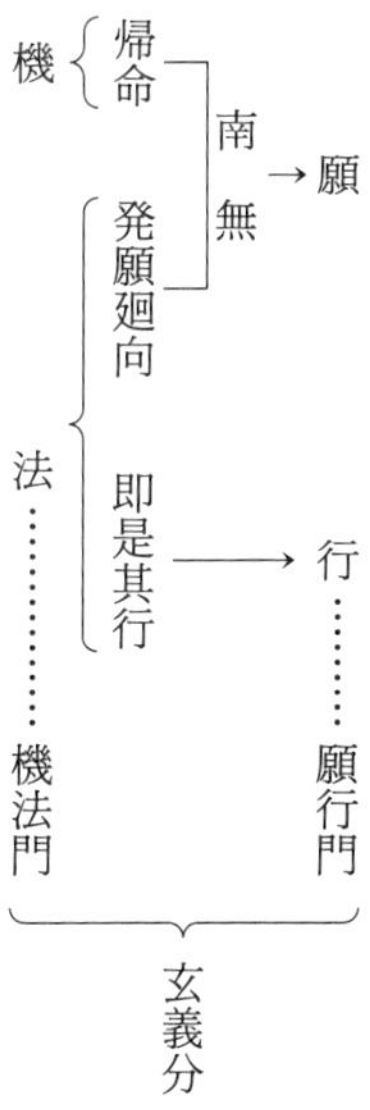

## 宗祖の六字釈

親鸞聖人は、著述の所々で、玄義分の註釈をしていますが、やはり、杉紫朗師の『御文章要義講話』を参照して、考えていきたいと思います。

先にも述べましたが、『教行信証』の「行巻」に、

帰命《きみやう》は本願招喚《せうくわん》の勅命なり、発願廻向《ほつぐわんゑかう》と云ふは、如来、已に発願して、衆生《しゆじやう》の行を廻施《ゑせ》し給ふの心なり、即是其行《そくぜごぎやう》と云ふは、即ち選択本願《せんぢやくほんぐわん》是なり。

とあります。ここでは六字が、全面的に、佛の我々有情をお助けくださることと明言した、いわば純粋に機法門、しかも、もっぱら「法」の立場と思われます。

「帰命」は、佛が私に安心せよ、助けると喚《よ》んでくださるのであり、「発願廻向」は、佛が私を往生させたいとの願を立て、私にその力を与えてくださる（佛の願行を廻向してくださる）のである。「即是其行」はその力たる選択本願である（選択本願が何故《なぜ》力であるかというと、選択本願とは、『大無量寿経』に説かれた四十八願中の第十八の願のことであって、この願の中に「若不生者　不取正覚」〈若《も》し生ぜずば、正覚《しやうがく》を取らじ〉とある。衆生が十念の念佛を称えても、極楽に往生しないというようなことがあるなら、私は覚《さと》りの位にはつくまいと誓いを立てられた、その願が達成して、阿弥陀佛は佛となられたのであるから、衆生は必ず往生する、つまり選択本願は、衆生を往生させる保証、力となるものであるということです）。ですから、我々衆生は、如来のこの願行を聞くだけで往生が定まるという、とく

に佛の救済を表わしたものとして、玄義分の三義を解釈しています。

聖人の『尊号真像銘文《そんごうしんぞうめいもん》』略本には、

善導和尚《ぜんだうくわしやう》ののたまはく、言南無者《ごんなむしや》といふは、南無《なむ》はすなはち帰命《きみやう》とまうすことばなり、帰《き》命《みやう》はすなはち釈迦弥陀《しやかみだ》の二尊《にそん》の勅命《ちよくめい》にしたがひ、めしにかなふとまうすことばなり、このゆゑに即是帰命《そくぜきみやう》とのたまへり、亦是発願廻向之義《やくぜほつぐわんゑかうしぎ》といふは、二尊《にそん》のめしにしたがふて安楽浄土《あんらくじやうど》にむまれむとねがふこころなりとのたまへるなり、言阿弥陀佛者《ごんあみだぶつしや》といふは、即《そく》是其行《ぜごぎやう》とのたまへり、即是其行《そくぜごぎやう》はすなはち、法蔵菩薩《ほふざうぼさつ》の選択《せんぢやく》の本願《ほんぐわん》なり、安養浄土《あんやうじやうど》の正《しやう》定《ぢやう》の業因《ごふいん》なりとのたまへるこころなり。

と書かれています。第一の帰命は、釈尊と阿弥陀佛の仰せにそのまま従って信心すること、第二の発願廻向は、その信順の心で、浄土に生まれたいと願うと、正しく生まれると安心した気持ちになることであるとされます。この初めの二義で、行者《ぎようじや》の信心が表わされています。

信心によって、衆生は佛の救済、すなわち、右に述べた選択本願の願力《がんりき》を受け取ったのですから、その力で衆生の浄土往生がきまる、言い換えれば、正定聚《しようじようじゆ》の位に定まったのです。正定聚の位につく業《ごう》が成就《じようじゆ》したこと、つまり平生業成《へいぜいごうじよう》のことになります。以上が第三の義たる「即是其行《そくぜごぎよう》」の意味です。

それゆえ、『尊号真像銘文』もまた機法門の義です。しかし、「行巻」の場合とは反対に、衆生（機）の側を明らかにしたものと考えられます。救いの力を受け取った私の方のことであります。また、銘文の方では、宗祖はとくに『大経』の第十八願（選択本願）との係《かか》わり合いを意識しているように私には感ぜられます。第一の帰命では、「勅命にしたがひ、めしにかなふ」で、至《し》心《しん》・信楽《しんぎよう》のことを意味して、衆生がひたすら信心を喜ぶさまを表わし、第二の発願廻向では、「安楽浄土に生まれんとねがふ」で、欲生我国《よくしようがこく》に当たるような気がします（申すまでもなく、至心・信楽・欲生をもって第十八願の三信《さんしん》とされています）。そして、第三の即是其行が「選択の本願」となっているのです。あるいはまた、御文で繰り返し説かれる「一念の信」の意味が、「帰命」について強調され、「発願廻向之義」の方は、やはり御文の「安心」に通じるものがあるようにも思われます。

このことを、また図にしてみます。

| 行 | | 願 | | |
|---|---|---|---|---|
| 召喚の勅令 | 行を廻施 | 選択本願 | ……（法）佛の方…… | 行巻 |
| 帰命 | 発願廻向 | 即是其行 | | |
| めしにしたがふ | 生まれんとねがふ | 選択の本願<br>正定の業因 | ……（機）私の方…… | 銘文 |
| 至心・信楽 | 欲生我国 | …… | …… | 大経 |
| 一念の信 | 安心 | …… | …… | 御文 |

［展開部第二段］

〈語釈〉

では、蓮師自らこの引用文を解説している第二段に移りましょう。初めに難しい言葉を拾ってみます。

○たとへば　「例《たと》えば」と現代と同じ意味にも使われますが、ここは、「たとひ」（たとえ）という意味で、あとに「……も」「……とも」を伴います。

○悪業　よく「身口意《しんくい》の三業《さんごう》」と言いますが、体《からだ》（身）と口と心（意）で行う所作《しょさ》がすべて業《ごう》となって、それぞれ報《むく》いを受ける原因となります。体と口と心のはたらきが悪ければ、それは当然好ましくない結果を招くことになります。人を傷つけ、自分をも傷つけます。

○煩悩　心を煩《わずら》わし悩《なや》ます思い。煩擾悩乱《ぼんじょうのうらん》（わずらわし、みだる、なやむ）とも言います。その中で、貪欲《とんよく》（むさぼり）、瞋恚《しんに》（いかり）、愚痴《ぐち》（おろか）が根本となるものなので、これを三毒《さんどく》の煩悩と称します。この煩悩が禍《わざわ》いして、我々衆生は悪業を犯すのであります。煩悩の悪業におけるは、功徳の利益に対する関係のごとくであると申せましょう。

○一念　『大無量寿経』上巻第十八願に「乃至十念」とあり、また、同じく下巻に「乃至一念」とあります。この違いが中国・日本の浄土教で重要な論題となりました。以下、中村元先生等訳註の岩波文庫『浄土三部経』を参照しつつ解説します。

善導大師は、十念を、十度《たび》念佛を（口に出して）称えることと解しましたが、原文によって見るかぎり、極楽浄土に生まれたいと願う心を十度起こすこと、という意味です。

ただし、「十念」という場合は回数を指し、反復の心持ちが含まれているので、この念は名号を称えることと解するのが普通です。『観無量寿経』「下品下生者《げぼんげしょうしゃ》」について、「具足十念、称南無阿弥陀佛」（十念を具足して、「南無阿弥陀佛」を称《とな》えしむ）とあるのに関連づけて、十念を十声と見ます。

また、善導大師は、『往生礼讃』に、『大無量寿経』の第十八願がもともと、

「たとひ、われ佛をえたらんに、十方の衆生、至心信楽して、わがくにに生ぜんと思うて、乃至十念せん、もし生ずれば……」

とあるのを、

「……十方の衆生、わが名号を称せんこと、下十声に至るまでとし、もし生まれずんば……」

と書き改めました。

右の、岩波文庫『浄土三部経』の「漢訳巻上」の註（上・三一一頁）には、

「……法然はこれに基づき、『念称是一《ねんしょうぜいち》』の独自の立場をとき、以後、わが浄土教の人々はこの解釈に立つ。しかしながら、『梵本《ぼんぽん》』に『如来を思念し』や『如来を思惟《しゆい》し』とあるから、佛あるいは佛の本願を信じ、心にくりかえし憶念して忘れないことが『念』でなければ

ならない。……行《ぎょう》・信不二《しんふに》の立場をとった親鸞が……法然の伝統的理解をうけつつも、この願の主旨を浄土往生の正因《しょういん》としての信心を誓った願とみたのは、まさしく達見といわねばならない」

と解説されています。

たとえば、

「乃至十念のちかひの名号《みやうがう》をとなへん人、もしわがくににむ《う》まれずば佛にならじとちかひたまへるなり」（『唯信鈔文意《ゆいしんしょうもんい》』）

「乃至十念とまうすは、……乃至のみことを十念のみなにそへてちかひたまへるなり。……ただ如来の至心信楽をふかくたのむべしと也。この真実信心をえむとき、摂取不捨の心光にいりぬれば、正定聚のくらゐにさだまるとみえたり」（『尊号真像銘文』広本）

などを見ますと、第十八願の「十念」を、口に称える十声の名号であるとしつつ、そこに信心を伴っていること、如来の誓いの添えられていることが強調されています。「一念《いちねん》」は梵語でエーカチッタと言い、「ひとおもいの信心」を意味しますから、口に称える念佛とするのはどうかと思いますが、一応宗祖は、第十八願の「十念」を行の念佛としました。

これに反し、『大経』に現れる「一念」についてですが、第一に、下巻の冒頭に、

「諸有衆生、聞其名号、信心歓喜、乃至一念。至心廻向、願生彼国、即得往生、住不退転」

（あらゆる衆生、その〔無量寿佛の〕名号を聞きて、信心歓喜《しんじんかんぎ》せんこと、ないし一念せん。至心に廻向して、かの国に生まれんと願わば、すなわち往生することをえて、不退転〔の位〕に住すればなり）

阿弥陀佛の願が成就したことを表わす文として、これを「願成就文《がんじょうじゅもん》」と呼びます。

もう一つは、ほとんどお経の終わりの方の「付嘱《ふぞく》の文」と呼ばれる部分で、

「其有得聞彼佛名号、歓喜踊躍《かんぎゆやく》、乃至一念、当知、此人為得大利。則是具足無上功徳」

（それ、かの〔阿弥陀〕佛の名号を聞くことをえて、歓喜踊躍して、ないし一念することあらんに、まさに知るべし、この人は大利《だいり》を得となす。すなわち、これ無上の功徳を具足するなり）

親鸞聖人は、初めの方の一念を「信の一念」と考えました。そして、『教行信証』「信巻《しんのまき》」に次のように記しました。

「一念と言ふは、信心に二心なきが故に一念と曰《い》ふ。是《これ》を一心《いっしん》と名《な》づく」

あとの方の一念を「行の一念」、すなわち、一声の称名念佛であるとし、同じ『教行信証』「行巻」に、

「行之一念と言ふは、謂《い》はく称名の徧数《へんじゅ》に就《つい》て選択易行《せんぢゃくいぎゃう》の至極を顕開す。故に『大本』（『大経』巻下）に言ふ。『佛、弥勒《みろく》に語りたまはく、其《そ》れ彼《か》の佛の名号を聞《きく》を得《え》て、歓喜踊躍して乃至《ないし》一念せむこと有《あ》らむ……』」

浄土宗は、この両者も、第十八願の十念も、共に行としての念佛と考えますが、真宗では右のごとく、願成就文の一念だけを、とくに信《しん》の一念と考えています。

宗祖は、「信の一念」に、さらに二通りの意味を認めます。第一に多念《たねん》に対する一念、信心を得る時の一時のおもいとし、

「一念といふは、信心をうるときのきはまりをあらはすことばなり」（『一念多念文意』）

「一念とはこれ信楽開発《しんげうかいほち》の時剋《じこく》の極促《ごくそく》を顕はし、広大難思《くわうだいなんし》の慶心《きやうしん》を彰はすなり」（『教行信証』「信巻」）

と述べています。

第二に、信心のすがたから、二心なき無二の義としました。すでに引用しました「信巻」の言葉がそれに当たります。

「一念と言ふは、信心に二心なきが故に一念と曰《い》ふ。是《これ》を一心と名《な》づく。一心はすなはち清《しやう》浄報土《じやうほうど》の真因《しんいん》なり」

少々複雑なので、これもまた、次頁に図示してみましょう。

○まうす　「す（する）」を丁寧に言った言葉で、「言う」という意味ではありません。「たすけたまえと言う」のではなく、「たすけたまえとお任せした気持ち」であります。

今日でも、たとえば「お待ちします」の代わりに、「お待ち申します」とか「お待ち申し上げます」と言った方が鄭重な表現でしょう。

第十八願……十念＝行

　　　　　　　　　　多念

願成就文……一念＝信の一念 ┬ 一時のおもい ↔ 多念
　　　　　　　　　　　　　└ ひたむきのおもい ↔ 二心

付嘱の文……一念＝行の一念

○无上大利　先に引用しました『大無量寿経』下巻の付嘱《ふぞく》の文の「為得大利……無上功徳」とあるのの語順を変えて、「无上大利の功徳」と書かれたのでしょう。大利は梵本の『大経』ではスラブドハとなっていて、無上の大涅槃《だいねはん》を覚《さと》ることを意味します。ですから、ここは、半ば付嘱の文の解説にもなっています。すると、「一念に弥陀をたのむ」その一念は、どうしても「信の一念」であって、付嘱の文であっても、「行の一念」とは考えられないようであります。

○无始　始めがなし。いくらさかのぼってもその始点を知りえない。遠い昔からある。梵語のアナーディ。

○曠劫　久しい時。遠く久しい時期。無始より今までの時を指す。梵語はアナーディィーカーラ。

○消滅　佛法では、悪いことが消え失《う》せることを言います。「滅罪」のこと。光明に照らされて滅罪するとか、名号の功徳を廻向せられて滅罪するということが、御文に説かれていますが、「光明」は、佛の智恵、「名号」は、佛の功徳であります。そして、智恵、功徳はそれぞれ煩悩・悪業に対応します。信の一念に、光明・名号を全領《ぜんりよう》して、「煩悩」「悪業」が一時に「消滅」すること。

○正定聚　梵語でニヤタラーシ。①決定された群れ、決定的な人々。ニルヴァーナにおいて正しく定まっている人々。②覚《さと》りまで退転なく進んでやまぬ菩薩に仲間入りすること。③浄土真宗で、阿弥陀佛に救われて、正しく佛になると定まった人々。すなわち、第十八願によって誓われ、他力念佛を信ずる人。

親鸞聖人の『浄土和讃《じようどわさん》』に次のように詠まれています。

安楽国《あんらくこく》をねがふひと
正定聚《しやうぢやうじゆ》にこそ住《ぢゆう》すなれ
邪定不定聚《じやぢやうふぢやうじゆ》くにになし
諸佛讃嘆《さんだん》したまへり

○不退転　梵語はアヴィニヴァルタニーヤ。もとへ退くことがないこと。

佛道修行の過程で、すでに得た覚《さと》りや功徳、その地位を退失しないこと。初期佛教では、修行階位の初級である四善根《しぜんごん》の忍位《にんい》に至れば、再び悪道の世界に堕ちないと説きましたが、菩薩の階位を説くようになってから、十住《じゅうじゅう》という初位の第七番目を不退位《ふたいい》と名づけ、声《しょう》聞《もん》・縁覚《えんがく》以下に退堕《たいだ》しない地位を不退位とするようになりました。

浄土真宗では、佛に成るに定まって、後に退くことのないようになった菩薩の位で、正定聚に同じ。『尊号真像銘文』略本に、「如来の本願の御名を信ずるひとは自然《じねん》に不退のくらゐにいたらしむるをむねとすとおもへとなり。不退といふは佛にかならずなるべきみとさだまるくらゐなり。これすなはち正定聚のくらゐにいたるをむねとすとときたまへる御《み》のりなり」とあります。

〈解説〉

第一節

私が展開部の第二段と名づけました最初の五行は、六字釈の全般的解説と申しましたが、どのような身でも、阿弥陀佛は必ず助け給うという、基本的な機法門の立場がそこに明示されています。御文のすべての文章において、蓮師のこの姿勢は一貫していると思います。そして、それには、語釈のところで指摘いたしました「たとへば……（機）……とも……

（法）……」の表現がしばしば使われています。

## 第二節

そのあとは、各論とも言うべき段落となりますが、まず、帰命とは「たすけたまへ」であるということ。

「たすけたまへ」については、次の第十四通のところで詳しくお話ししますので、そちらをごらんください。これを先ほどの親鸞の言葉と比べてみましょう。

『教行信証』「行巻」に「帰命は本願招喚の勅命なり」とあります。これは、いわば「法」の方からの見方であることはすでに申しました。

『銘文』の方では「釈迦弥陀二尊の勅命にしたがひめしにかなふとまうすことばなり」――こちらの方は、逆に「機」の側の言葉として、いくぶん柔らか味といったものが感ぜられます。しかし、いずれの場合にも用いられている「勅命」は、普通、天皇陛下の御命令の意味に使うので、なにか「おごそか」な感じに包まれます。

その点、「たすけたまへ」はすっかり語感が違いますね。より日常語的でもあり、主観的でもあり、感情的でもあります。子供が手放しで親に甘え、すがりつく情景が思い浮かびませんか。こういうところが、蓮師の人の心を捉えて放さぬ親近感でありましょう。

この衆生の「たすけたまへ」「一念にたのむ」（「たのむ」と「たすけたまへ」の関係につ

いても同じく第十四通で解説いたします）に対し、弥陀は無上大利の功徳を与え給うとのことです。――これが次の文で、第一の義・帰命から、第二の義・発願廻向へ話が移ります。「たのむ」機に対して、法が功徳を廻施《えせ》するという、明らかに機法門の立場であって、機と法が狛犬《こまいぬ》のように阿吽《あうん》の呼吸をもって向き合った感がします。

ところが、善導大師は、阿弥陀佛が我々に代わって果たしてくださった大願大行《だいがんだいぎょう》が、佛のお手許で成就し、南無阿弥陀佛となってくださるのだから、一口の念佛が願行具足（備わっていること）だと言った。すると、蓮師がここで言う功徳の廻施は、善師の言葉と同じことになる。したがって、願行門に繋がっている、と言えます。

### 第三節

第二段の最後の部分、「この発願廻向の……」から「……とはいふなり」までは、発願廻向から即是其行《そくぜごぎょう》への過程を説明したもので、発願廻向で賜った功徳のお蔭で我々が正定聚の位に住することができるようになるとの意です。

ここで再び法の側から機の側へ、いわば話が戻っています。弥陀の功徳の利益が正定聚ということになりましょう。それがすなわち阿弥陀佛の行であります。

玄義分の解説のとき、「即是其行」の「其」は、一行前に書かれた「十行」を指しているいと申しましたが、読み方によっては、「発願廻向」のその「願」に見合う、つまり「その願の行」というふうにも考えられるし、「言阿弥陀佛者即是其行」であるから、その佛の行、つまり阿弥陀佛の行とも解釈できるように思います。

蓮如上人は、ここでは、このように考えているのでしょうか？　私には、よく分かりません。しかし、もしそうだとすると、阿弥陀佛とは行そのもの、衆生の往生の行すなわち阿弥陀佛ということになります。

また、一面この意《こころ》は先に参照しました『尊号真像銘文』略本の言葉、

「即是其行はすなはち、法蔵菩薩《ほふざうぼさつ》の選択の本願なり、安養浄土《あんやうじやうど》の正定《しやうぢやう》の業因《ごふいん》なり」

に通ずるものであります。

これはさらに覚如《かくによ》の『執持鈔《しゆうじしよう》』にある宗祖の言葉を見れば、いっそうはっきりします。

「そもそも南無は帰命、帰のこころは往生のためなれば、またこれ発願なり、このこころあまねく万行万善《まんぎやうまんぜん》をして、浄土の業因となせばまた廻向の義あり、この能帰《のうき》の心、所帰《しよき》の佛智《ぶつち》に相応するとき、かの佛の因位《いんに》の万行、果地《かぢ》の万徳ことごとくに名号のなかに摂在《せふざい》して、十方衆生の往生の行体《ぎやうたい》となれば、阿弥陀佛即是其行と釈したまへり」

『銘文』に「正定の業因」、すなわち正定聚の位に入るべき業、因縁とされ、『執持鈔』に佛と衆生の心が一つになって、弥陀が佛になられたその行が、名号を通じて、そのまま衆生の極楽往生する姿となると、はっきり述べています。

以上で、展開部第二段の要旨はおおむね明らかかと思いますが、これを次頁に図示いたしま

す。

帰命 ——第二画——→ 発願廻向 ——第三画——→ 即是其行

（機）　　　　　　　（法）　　　　　　　　（機）

たすけたまへ　　　　無上大利の功徳　　　　→ 正定聚〔五帖目第十三通〕

　　　　　　　→ 為得大利　→ 十願十行　　　→ ｛因位の万行・果地の万徳／衆生往生の行体

　　　　　　　〔『大経』下巻付嘱の文〕〔『観経四帖疏』玄義分〕　　正定の業因〔銘文〕

**【展開部第三段】**

**〈解説〉**

第三段に入って、右の六字釈を締めくくるように、六字の姿《すがた》は我々の往生する姿であると断言されます。これは繰り返しになりますが、宗祖の、即是其行を釈した、「十方衆生の往生の行体」の言葉に即応するものであります。

そして、六字の精神を識《し》る者が信心を得た者だと述べられます。結局、

六字＝六字釈＝信心（安心）

という等式の成り立つことになりますまいか。

また、大信心《だいしんじん》と「大」の字を挿入されたことにも注意すべきでしょう。六字のこころを識るも、信心を得るも、我々の力によって得られたものではない。如来から賜った如来の（他力の）信心で、小さな、我々衆生が、自力で到達できたのではない、ということでありましょう。

ここで、五帖目の第十一通を振り返ってごらんください。

無信称名を前段、六字釈を後段と考える場合の後段の第一節（前節）の一、「他力の信心をとるといふも……信心決定すとはいふなり」――は、第十三通の第三節とほぼ同じ文意であることにお気づきでしょう。

どちらも六字すなわち信心であると説いています。第十三通で結論にきているものが、第十一通の序論になっているわけです。

ところで、第十一通の段落につきましては、多くの講者の説のようではなく、後段第一節を「……四《よっ》の字《じ》のこころなり」までで終わりとし、第二節を「されば、南无阿弥陀佛の躰を……」から末尾までに改めたいと思います。これを図表で示すと次頁のようになります。

そうすると、結論部分たる後節は、やはり「南无阿弥陀佛の躰を」心得るのが、「信心をとる」ということなのであると、序論に立ち返って、まったく同趣旨で終わっていることが

五帖目第十一通　後段（六字釈）

- 前節
  - 序論　他力の信心をとるといふも……(16)
  - 願成就文引用　そもそも信心の躰と……(18)
  - 玄義分引用　善導のいはく……(19)
- 後節　されば、南无阿弥陀佛の躰を……(26)

分かるのです。

この初めの部分と終わりの部分の間に、二つの依用文《えようぶん》があって、第十一通の後段が成り立っているわけですが、第一の依用は、「聞其名号《もんごみょうごう》　信心歓喜《しんじんかんぎ》」（その〔無量寿仏の〕名号を聞きて、信心歓喜す）という、『大無量寿経』の「願成就文《がんじょうじゅもん》」で、すでに「一念」という言葉の説明のところに引用いたしましたが、宗祖以来、真宗では、「信の一念」を説かれた箇所と考えてきています。「名号を聞きて」は、もちろん、「名号の心を聞いて」の意味でしょう。そして、信心をするのですから、まったく後段前後の総論と一致いたします。また、第十三通では、「大利」「功徳」という「行の一念」の附属文を引用されたのに反し、ここでは

「信の一念」の願成就文の引用となっています。

もう一つの依用が、善導の六字釈ですが、第十三通の場合よりずっと簡単に、初めの二字を機の方の心、後の四字を法の救いという機法門の形式にしてあります。直接、「南無」と「阿弥陀佛」の解釈をし、玄義分の六字の三義には触れてありません。あるいは、三義のうち「発願廻向」だけを省略した註釈という見方もできましょう。

南無、または帰命の釈として、第十三通の方では、自分の身の罪の深いことを苦にすることなくと言うのに対し、第十一通の方では、「もろもろの雑行《ざふぎやう》をすてて、うたがひなく」となっています。いずれも、一心に、一念に、という帰結になっているのは同様ですが。また、ともに「ひたむきのおもい」という、「二心」に対する意味合いであることにも変わりありません（「一念」に関する語釈の項をもう一度見てください）。

「一念」「二心」「一向」の状況補語として用いられる右の二様の表現形式は、御文五帖を通じて頻繁に散見しうるところです。前者に関するものとしては、

「我身の罪のふかき事をばうちすて、佛にまかせまゐらせて、一念の信心さだまらん輩《ともがら》は」

（五帖目第四通）

「わが身はあさましきつみふかき身ぞとおもひて、弥陀如来を一心一向にたのみたてまつりて」（二帖目第八通）

「わが身のつみのふかきにもこころをかけず、ただただ阿弥陀如来を一心一向にたのみたて

まつりて」（二帖目第十通）

「わが身のつみのふかきことをばうちおきて、ただかの阿弥陀佛を、ふたごころなく、一向にたのみまゐらせて」（三帖目第一通）

「つみはいかほどふかくとも、われを一心にたのまん衆生をば」（四帖目第九通）

などであり、後者のようなものとしては、

「もろもろの雑行をすてて、専修専念《せんじゅせんねん》、一向一心に弥陀に帰命する」（二帖目第三通）

「雑行をすてて、一向一心に後生たすけたまへと弥陀をたのめば」（四帖目第十四通）

「雑行をさしおきて、一向に弥陀如来をたのみたてまつりて」（一帖目第十三通）

「雑行をふりすてて、一心に後生を御たすけ候へと」（五帖目第十七通）

「雑行雑修のこころをさしおきて、一心に阿弥陀如来後生《ごしょう》たすけたまへ」（五帖目第十八通）

等々であります。

# 五帖目第十四通　上臈下主の章

それ、一切《いっさい》の女人《にょにん》の身《み》は、ひとしれずつみのふかきこと、上﨟《じゃうらふ》にも下主《げす》にもよらぬあさましき身《み》なりとおもふべし。

それにつきては、なにとやうに、弥陀《みだ》を信《しん》ずべきぞといふに、なにのわづらひもなく、阿弥陀如来《あみだにょらい》をひしとたのみまゐらせて、今度《こんど》の一大事《いちだいじ》の後生《ごしやう》たすけたまへとまうさん女人《にょにん》をば、あやまたずたすけたまふべし。さて、わが身《み》のつみのふかきことをばうちすてて、弥陀《みだ》にまかせまゐらせて、ただ一心《いっしん》に、弥陀如来《みだにょらい》後生《ごしやう》たすけたまへとたのみまうさば、その身《み》をよくしろしめして、たすけたまふべきことうたがひあるべからず。たとへば、十人《じふにん》ありとも百人《ひゃくにん》ありとも、みなことごとく極楽《ごくらく》に往生《わうじゃう》すべきこと、さらに、そのうたがふこころつゆほどももつべからず。かやうに信《しん》ぜん女人《にょにん》は浄土《じゃうど》にむまるべし。

かくのごとくやすきことを、いままで信《しん》じたてまつらざることのあさましさよとおもひて、なほなほふかく弥《み》

陀《だ》如来《にょらい》をたのみたてまつるべきものなり。あなかしこ、

あなかしこ。

〈現代語訳〉

身分の上下にかかわりなく、外見上よく分からないけれども、ほんとうのところ、すべての女性《にょしょう》の罪の深いありさまは、情けないほどだ、とお思いなさい。

そこで、阿弥陀《あみだ》様をどのように信ずべきかというと、それにはなんの取り越し苦労もせず、しっかりと如来《にょらい》をお頼り申し上げて、大切なこのたびの後生《ごしょう》をお助けください、というふうに思いなさい。（如来は）そういう女人《にょにん》を間違いなくお助けくださいます。

自分の罪の深いことなど放っておいて、（そんなことは）阿弥陀様にお任せして、ただ一心に、

「阿弥陀如来様、後生お助けください」

とお頼り申し上げれば、（如来は）そういう人のことをよく御存じなされて、助けてくださいます。疑ってはなりません。（そういう人は）十人あろうが、百人あろうが、全員極楽《ごくらく》に往生《おうじょう》するのだということに、まったく露ほどの疑念を持ってはなりません。

このように信ずる女人は浄土《じょうど》に生まれるのです。

こんなにやさしいことを、どうしていままで信じなかったのか。われながらあきれたことだ——と思って、（いままでよりも）さらにいっそう深く、阿弥陀如来をお頼り申し上げるべきであります。

〈由来〉

原文中の「上﨟《じようろう》」、「下主《げす》」の語をとって、一般に「上﨟下主の章」と呼び慣わされている御文《おふみ》で、「上﨟」、すなわち上流婦人も、「下主」、すなわち身分の低い女も、女性は等しく弥陀如来のお助けによって極楽往生できると説かれています。

「御文《おふみ》」は「文《ふみ》」の敬称で、手紙ということですが、蓮如上人《れんによしようにん》は、自らの法話《ほうわ》を、ほとんどすべて、「文」の形式で書き遺《のこ》しました。手紙であるからには、一応名宛《なあて》人があると考えたくなりますが、五帖目には、第三、第七、第十四、第十七、第二十の五通、女人に宛《あ》てられた御文があるところから、近江・金森《かねがもり》（現在、守山市内）の五ヵ所の女房講中《にようぼうこうちゆう》へ、望みによって一通ずつ与えられたものであるなどと伝えられています（『御文章来意鈔《ごぶんしようらいいしよう》』）。

また他の説によると、河内八尾《かわちやお》（現在、八尾市）の吉益《よします》という医者夫婦の家へ蓮師《れんし》が立ち寄ったことがある。そのとき近在の婦人が大勢集まって、上人の法話《ほうわ》を伺った。ところが、軒下で泣き声がするので調べさせると、それは当家の下女の佐渡《さど》という者であった。わけを尋ねると、彼女のいわく、自分のごとき「下主」の身は、上﨟と違って罪深く、来世《らいせ》もどんな所へ堕《お》ちるとも分からない――この下女の嘆きを聞いて、蓮師は、本通のごとき法話をしたというのです。

なお、佐渡は、上人の教化《きょうげ》に感激するとともに、この喜びを里にある母に伝えたく、「ただいまの御法話を御文にしていただきたい」と願い出た。この願いをこころよく聞き容《い》れて認《したた》めたのが、この御文であるとこの説は付け加えています（『御文章来意鈔』）。

後《あと》の説の方は、原文の趣旨と辻褄《つじつま》の合った話ですが、ほんとうのところはよく分からないようです。

〈段落〉

右に述べたごとく、女性の救済を説いた御文でありますが、その論旨が三段に分かれています。第一段は救済の対象となる女人の実態（機相《きそう》）を示し、第二段は「それにつきては」からで、信心《しんじん》とはどういうものであるか（信心の相状《そうじょう》）が明らかにされています。第二段がまた二節に分かれて、前節は信心の内容を説き、後節は「かやうに信ぜん」からで、信心の益《やく》、すなわち信心の結果が何であるかが書かれています。前節をさらに二区分して、前項を、信心の相状の大略の示されたもの、後項を、「さて、わが身の……」から、さらに前項を詳しく説明したものと考えることができます。第三段は「かくのごとく……」より終わりまでで、信心前の自分を悔いるとともに、以後はいっそう信仰を深めるべきであると諭されています。

口で言っただけでは分かりにくいので、右のことを図示してみましょう。

五帖目第十四通
- 第一段（女人の機相）
- 第二段（信心の相状）
  - 前節（信心のあり方を説く）
    - 前項（大略）――それにつきて……(4)
    - 後項（説明）――さて、わが身の……(7)
  - 後節（益《やく》（信心によって得るもの））――かやうに信ぜん……(14)
- 第三段（入信後の心得）――かくのごとく……(15)

## 女人について

この御文は、先に述べたごとく、女人救済の教えを説いていますが、女子の救われ方が男子の場合と異なっていると勘違いしてはなりません。しかし、法《ほう》の説き方には違いがあってもいいのであります。その人その人の性質、能力などに応じて、それぞれ違った分かりやすい説法《せっぽう》の仕方があるならば、人間を大きく男子と女子とに分けて、それぞれの性に合った教えがあってさしつかえないわけです。

それに御文の書かれた蓮如上人の時代には、かなり強い男子尊重の気風のあったことはよく頭に入れておかなければなりません。しかも、この風潮は、その時代にとくにあったものではなく、長く日本歴史を通じてそうであったことは、いまさら言うまでもありません。日本だけでなく、男尊女卑は古来、東洋の伝統と考えられています。男女同権という思想が我が国に広まったのは、今次大戦後のことです。

これに反し、西洋には女尊男卑という考え方が行われていると一般に見られていますが、これは決して男女の地位が東洋と逆転しているという意味ではありません。女子を男子よりも優れた者として尊重するというのではなく、女子を弱い者、劣った者として、かえって憐《あわ》れみの情をもって接するというにすぎません。しかし、日本で考えられているほど、欧米で女子が大事にされているかというと、なかなか一概にそう言い切れないところがあります。

余談はともかくとして、男女の間には、昔は、社会的に画然たる差異がありました。その現実の上に立って、男女が平等に救われることを堂々と説いた蓮師の徳を感じねばなりますまい。

けれども、これはあくまで佛法上でのことであります。これがそのまま、社会問題として男女平等を主張したものであるかのように誤解してはなりません。阿弥陀如来の前に、すべての人が等しく救われることを知るべきであります。この件に限らず、浄土真宗《じょうどしんしゅう》の教え全般にわたって、近年、これを社会思想と結びつけようとする誤った試みが行われています。言《ごん》語道断《ごどうだん》のことです。親鸞聖人《しんらんしょうにん》や蓮如上人、その他の善知識《ぜんぢしき》へのはなはだしい忘恩の行為と言わざるをえません。佛法を謗《そし》る行いであります。深く心しなければならないことです。

さて、女の罪の深さについて、「ひとしれず」とあります。「人知れず」とはどういう意味でしょうか？

そもそも、お釈迦《しゃか》様の教えには、ことさら女子を男子よりも機根《きこん》（佛法を受け入れる能力）が劣っているという見方はなかったと思われますが、時代が下るとともに、一般社会の女性蔑視《べっし》の風潮が、佛教にも導入されました。それで、『唯識論《ゆいしきろん》』などには、

「外面《げめん》は菩薩《ぼさつ》に似たり、内心夜叉《やしゃ》の如し」

と書かれています。女人《にょにん》はうわべは柔和《にゅうわ》であるが、うちに慳貪《けんどん》（物を惜しんで人に与えず、むさぼり求めて飽き足らない心）嫉妬《しっと》の思いを宿しているというのです。

女人の機根については、古来多くの経論《きょうろん》にいろいろと述べられてきたところですが、浄土真宗でも、蓮如上人以前、たとえば存覚《ぞんかく》師の『女人往生聞書《にょにんおうじょうききがき》』には、左のごとく書かれています〈（　）内筆者挿入〉。

おほよそ女人のつみのふかきこと、しづかにおもひてこれをいとふべし。まさしく目《め》にあらはれたる大罪《だいざい》などをばつくらざるやうなれども、行住坐《ぎやうぢゆうざ》臥《ぐわ》のふるまひ、昼夜《ちうや》朝暮《てうぼ》

のおもひ、罪業《ざいごふ》にあらずといふことなく、悪因《あくいん》にあらずといふことなし。あしたには明《めい》鏡《きやう》（あきらかなるかがみ）にむかひて青黛《せいたい》（あおきまゆずみ）のよそほひをかいつくろひ、ゆふべには衣裳《いしやう》にたきものして馨香《けいきやう》（こうばしからんこと）のはなはだしからんことをおもへり。愛著《あいぢやく》をもておもひとし、嫉妬《しちと》（そねみねたみ）をもてこととせり。身《み》を執《しふ》しひとをそねむこころ、しかしながら輪廻《りんね》のなかだちとなり、かみをなでかたちをかざるわざ、ことごとく生死《しやうじ》のみなもとなり。

結局、目に見えて大罪を犯すことはないけれども、ほんとうは、女人は深い罪を作っているのであるというのが、佛教ではかなり根強い伝統的な考え方となっています。

この著書の別の箇所には、『涅槃経《ねはんきよう》』が引用されて、「あらゆる三千界の男子《なんし》のもろもろの煩悩《ぼんなう》をあはせてあつめて一人《いちにん》の女人《によにん》の業障《ごふしやう》とす」とあります。女子はこれほど罪が深く、またその罪が未来への悪因となるから、とうてい来世も浮かばれないというのが、浄土教以前の佛教の立場であったと考えられます。

それで他の御文には、「一切の悪人女人をたすけたまへる……」（一帖目第十通）、「十悪五《ご》逆《ぎやく》の罪人も五障三従《ごしやうさんしよう》の女人も……」（二帖目第八通）、「五障の女人、五逆の悪人をば……」（四帖目第三通）というふうに、男子の中の最悪の者たちと女人全般とが並記して問題とされています。

いかにもひどい、けしからん、ということになるかもしれませんが、現代人の感覚をもって昔の人々の意識をいたずらに批判してはいけないし、また終わりまで読まないで、初めだけ聞いて早まって憤慨されても困ります。

悪人正機《あくにんしょうき》と言えるなら、当然、女人正機《にょにんしょうき》とも言えるわけで、つまり、女性こそ極楽浄土への御正客なのです。

そこで、「ひとしれず」という言葉をどう解釈すべきか、初めのうち、私は分かりませんでした。「ひと」とは男のことなのか、つまり「男の目から見て」というふうに考えるべきなのか、それとも「女」であって、女が「女自身をそれほど罪深いと自覚しないかもしれないけれど、実は……」という具合に理解すべきだろうかなどと考えてみました。しかし、右に述べてきたように、やはり、社会的犯罪などの面から見れば、女は罪が少ないようだけれども、人は知らず、気づかぬようだが、実際は、よく考えると……と言ったような文意に取るのがよいという結論に達しました。「男から見れば」とか「女自身で考えて」というような受け取り方は、少々うがちすぎかと思います。

［第一段］

〈語釈〉

○あさまし　この言葉は現代でも使わないこともありませんが、昔はもっと頻繁《ひんぱん》に用いられていました。五帖御文八十通には四十一回も現われています。ということは、二通に一度の割合で使用されているわけです。

その意味としては、①良い悪いにかかわらず、予期に反したときの気持ちを表現する。②しかし、どちらかと言うと、悪い方に予想外だったときに用いる。あまりのことであきれる。③不快な気持ち。嘆かわしい、情けない、興《きょう》ざめた。④外見が見苦しい、いやらしい。⑤取るに足りない、身分が卑《いや》しい。⑥性質が卑劣《ひれつ》だ、さもしい。⑦考えが浅い、浅はかだ——と古語辞典などに書いてあります。

さてここでは、その中でどの意味になるのでしょうか？　どれにでも少しずつ当てはまるようでありながら、もう一つぴったりしないような気もします。結局、③あたりが一番似つかわしいのではないでしょうか。

前の「上﨟にも下主にもよらぬ」は、この節の状況補語のような働きをしていると見て、主語は一応「女人の身は」でありますから、「つみのふかき」と「あさましき」は、その主語に対し並列された属辞と考えられます。つまり、「女人」は罪深くもあり、また浅ましくもある——ということです。あるいは、「つみのふかきこと」とありますから、「罪の深さが」「罪の深いありさまが」「浅ましい」と繋《つな》げて考えてもいいでしょう。つまり、「女人の罪の深い、そのありさまは実に見ていて、嘆かわしい、情けない」と理解したらどうでしょう。

○上﨟にも下主にも　「上﨟《じょうろう》」とは、もと佛教の言葉で、年功を積んだ高僧のことを言いましたが、後には世俗で身分の高い人を指すようになりました。そして、とくに上流婦人の呼称になったのです。「下主《げす》」は「下種」「下衆」とも書き、「上衆《じょうす》」に対し、身分の低い者のことで、また「下人」「使用人」の意味にも用います。

したがって、ここは「身分の上下にかかわらず」ということになりますが、上流の方が、下層階級より仕合わせだろうとは、ごく常識的に考えられることです。また、前世《ぜんせ》に善業《ぜんごう》を多く積んだ者ほど、今生《こんじょう》でより高い身分に生まれることになったのだと佛教では説くことが多いようです。

しかし、そのいずれの場合によらず、女性としての生を享《う》けた者に一様に罪の深さが感じられるというのは、まことにあさましい（情けない）ことであります。社会がどのように変わろうと、どんな時代が来ようと、やはり女性であるということによる、生きていく上でのさまざまな制約はどうしても払拭《ふっしょく》できないのではないでしょうか？　社会制度として、女性に不利な条件を取り除くとしても、生理的条件に基づく不利な立場はいかんともしがたいのではありますまいか。

それは「罪」と名づけるに値しないかも知れません。そこで、佛教でいう罪と、法律上、道徳上問われる（罪）とはまったく同じではありません。佛教の罪は、もちろん、犯罪、罪悪という意味も含みますけれども、ときに、「苦」というのとほとんど同意義にも使われます。あるいは「罪障《ざいしょう》」という熟語もあるように、さわり（障）というニュアンスを持つ言葉であります。「さわり」とは「さまたげ（妨げ）」ということで、何をするのの妨げかというと、結局、覚《さと》りを開くのに対する妨げ、佛となることに支障があるということになります。蓮師の教えは、そういうところへ我々を導いていこうとしているにちがいありません。こういう点が、御文理解の勘所《かんどころ》ではないかと私は思っています。

〈構成〉

言葉については、おおむねこんなところかと思いますので、それでは文全体の構成について考えてみましょう。

「上臈にも下主にもよらぬ」を先ほど状況補語と申しましたが、形の上から言えば「あさましき」にかかる副詞句でしょう。けれども、意味の上からですと、上臈とか下主とかいうことではなくて「一切の女人」と繋げる方が自然のようです。

ところで、「おもふべし」という動詞には主語がありませんが、読者全体に話しかけているのですから、「あなた方は」とでも言うべき、二人称複数の代名詞が省略されているわけです。それで、主語の欠けている「おもふべし」だけが主節で、それ以外はすべて接続従属節です。従属節の主語は、先ほども申しましたように、形の上では「女人の身は」であって、それに「つみのふかき」「あさましき」の二つの属辞がかかっているわけですが、意味上から、むしろ、「つみのふかきこと」を主語と見てもよいのではないかと思います。

[第二段]

〈解説〉

では、信心の相状を述べた第二段に入ります。ここに、ちょっと論理の飛躍があるようです。「女は罪が深く、浅ましい」の後ですぐ、「どういうふうに弥陀《みだ》を信ずべきか」となるのですから。

一応他の御文、たとえば二帖目の第八通を参照しますと、冒頭に、

「夫《それ》、十悪五逆の罪人も、五障三従の女人も、むなしくみな十方三世《じっぽうさんぜ》の諸佛の悲願《ひぐわん》にもれて、すてはてられたるわれらごときの凡夫《ぼんぶ》なり」

とあります。「罪人」や「女人」は「諸佛」から見捨てられているということがあるわけです。「すてはてられ」たですから、すっかり匙《さじ》を投げられたというところでしょうか。

五帖目第七通には、

「……一切の女人をば、十方にましします諸佛も、わがちからにては、女人をばほとけになしたまふことさらになし」

どの佛様も、「自分には女人を成佛《じょうぶつ》させる力がない」とおっしゃっているのです。

まったく救済の望みを絶たれた女人でありますが、それを「阿弥陀佛とまうすは……三世の諸佛にすてられたる、あさましきわれら凡夫女人を、われひとりすくはん……」(三帖目第一通)という願《がん》を起こされたのです。

同じく、五帖目第七通にも、先の続きに、

「しかるに、阿弥陀如来こそ女人をば、われひとりたすけんといふ大願《だいぐわん》をおこして、すくひたまふなり」

となっています。どこへ頼んでも全部ことわられ、あとはただ一人、阿弥陀様のもとへしか行く所がない——ということになって、それでは阿弥陀様の所へ行くとして、さてどんなふうに話を切り出したものか?——とでも言うべきあたりで、五帖目第十四通の中段の始まりとなるわけであります。このように、初段と中段の間に、話を補って考えるべきでしょう。

〈語釈〉

○わづらひ　「煩い」あるいは「煩労」の漢字に当たり、「苦労」「面倒」「迷惑」「差し支え」という意味ですが、ここでは智恵才覚を働かせたり、善根功徳《ぜんごんくどく》を修したりすることを言います。つまり、佛様の前だからといって、なにか殊勝《しゅしょう》なところを見せようなどと余計な苦労をせずにということでしょう。

○たのむ　「たのみまゐらせ」の「たのむ」は、御文の中で大変大事な語彙《ごい》です。五帖御文八十通の内、五十六通にわたって、百二十二回も使われています。

今日では、「たのむ」は「願う」「請い求める」という意味で、神佛にも、願いごとをする、何かかなえて欲しいと求めることを言います。しかし、古語辞典を見ると、①あてにする、期待する。②信用する。③頼みにする、力としてたよる——とあって、人にものを要求する、何かを依頼するの意味はありません。「たのむ人」などと言うと、夫とか主人を意味し、自分が経済的に依存している相手を指します。現代語でも、「力と恃《たの》む」とか、「敵は数を恃んで攻め寄せた」など、「あてにする」あるいは「頼みにする」等の意味に稀に用いられます。

親鸞聖人の疑惑和讃《ぎわくわさん》（「正像末和讃」所収）には、「佛智の不思議をたのむべし」とあって、やはり佛を信頼する意味であります。『教行信証《きょうぎょうしんしょう》』「信巻《しんのまき》」にも、「大悲《だいひ》の弘誓《ぐぜい》を憑《たの》み、利他《りた》の信海《しんかい》に帰《き》する」と書かれています。

昔は、ですから、今日われわれが用いているような「たのむ」の意味はなかったのです。そう言われても、「たのむ」と言えば、どうしても何かをねだるという感じがして仕方がありません。しかし、ここが浄土真宗の教義の重要な、いわばポイントで、この言葉の意味を取り違えてしまっては、宗旨がまったく正反対のものになりますから、よくよく気をつけねばなりません。

聖教《しょうぎょう》を読んで、「たのむ」の語の出てきたときには、いつも「……をたのむ」と、つねに「を」を付けて考え、「……にたのむ」ではない——と自分に言い聞かせるようにしたらどうでしょうか？　「にたのむ」ならば、たのみごとをすることになるし、「をたのむ」なら、たよりにするというふうに受け取れるでしょうから。

御文においても、てにをははやっぱり「を」になっています。「如来をたのむこころの……」（一帖目第二通）、「二心なく弥陀をたのみたてまつりて……」（一帖目第七通）、「弥陀をたのみ信心決定《けちぢやう》して」（二帖目第三通）という具合です。枚挙すればきりがありませんからやめますが、この箇所も、「阿弥陀如来をひしとたのみ」となっています。

ですから「たのむ」は「あてにする」「期待する」「信用する」「頼みにする」「力としてたよる」と古語辞典に釈してある言葉がすべて当たるのであって、とくに「力として頼りにする」が適切でしょう。佛を信ずるとはつまり、佛をたのむことであります。

○たすけたまへ　この言葉もまた、先の「たのむ」と並んで、真宗《しんしゅう》の教義上、最も重要な語彙の一つです。しかも、「たのむ」と密接に連関して、蓮師の説教《せっきょう》で、いわば対《つい》になった鍵語《キーワード》であると言うことができます。

「助け給え」の語は、親鸞聖人の著述などにはありませんが、蓮師以前にまったく使われていなかったわけではありません。しかし、教義の眼目として、つねに説法に用いられるようになったのは、ひとえに蓮如上人によるものです。ちなみに八十通中二十四通、二十八回も現われます。その他一帖目第三通に見える「たすけましませ」、五帖目第四通、第十七通、第二十一通の「御《おん》たすけ候《さふら》へ」も同義語と考えることができます。

蓮師以外では、浄土宗鎮西《じょうどしゅうちんぜい》流などでもかなり使われたようですが、たとえば良忠の『決《けつ》答授手印疑問鈔《とうじゆしゆいんぎもんしよう》』という書には（巻下「一廻向発願心事」）、「凡《およ》そ浄土宗の元意は、助け給へ阿弥陀佛と思ふに過ぎざる也。先師の定言に云ふ、助け給へ阿弥陀佛と云云《うんぬん》。……辯阿《べんあ》は、助け給へ阿弥陀佛と心にも思ひ口にも云《い》ふ也。……助け給へと思へば、滅罪《めつざい》の辺《へん》も籠り生善《しやうぜん》の辺も収《をさ》まり、出離《しゆつり》の方《はう》も籠り、往生《わうじやう》の方も収《をさま》れり」とあります。この「助け給え」は、どうぞ助けていただきたいと佛に請い求める意《こころ》であります。浄土真宗においても「たすけたまへ」は、我々衆生《しゆじやう》の方から、佛に要求する「助け」でありましょうか。

これについて、まず、御文の中に、「たすけたまへ」と並んで、「たすけたまふ」という言葉の随所に見られることに注目していただきたいのです。それは八十通を通じて三十四回も現われます。

「弥陀如来の本願の、われらをたすけたまふことわりをききひらく……」（一帖目第四通）

「一念もうたがふこころなくば、かならずたすけたまふべし」（三帖目第一通）

等で「たすけたまふ」のは、もちろん、阿弥陀佛ですが、たとえば、一帖目第十五通の、

「南无とたのめば、かならず阿弥陀佛のたすけたまふ……」

この「たすけたまふ」は、我々が「たのめ」ば助け給うのであって、先にも述べたごとく、この時代の「たのむ」は「力としてたよる」という意味だったのですから、我々がたよるだけで、佛は助けてくださるのであります。我々が「たすけたまへ」と言う以前に、佛様

の「助ける」というお言葉があるのです。四帖目第十一通にも、

「弥陀をたのむ機を、阿弥陀佛のたすけたまふ……」

とあって、たよる（たのむ）だけで、佛の「たすけ」る力は働き、なんら衆生の方から、求めねだることはないのです。

この点、蓮師の勧める「たすけたまへ」には、先に例を引いた、鎮西流におけるごとく、滅罪《めつざい》や後生善処《ごしょうぜんしょ》（死後よい所に生まれること）などの効果を期待して、心に思い、口に出して、願い求める「たすけたまへ」とは意味合いが異なると言わねばなりません。真宗の場合は「たすけたまへ」と聞いて、ただそれに信順《しんじゅん》する（聞いた法を疑いなく信じ、それに従うこと）「たすけたまふ」であります。敢えて言うならば、鎮西流の方は、「たすけたまふ」なしの「たすけたまへ」であり、真宗では、「たすけたまふ」を受けての「たすけたまへ」であります。

三帖目第二通の「後生《ごしやう》たすけたまへと、ふたごころなく信じまゐらする」、五帖目第四通の「阿弥陀如来たすけ給へと、ふかく心にうたがひなく信じて」で明らかなように、「たすけたまえとお願いして」ではなく、「たすけたまえと信じて」であって、助けられることがすでに分かっているのであります。

「たまへ」は「たまふ」という動詞の命令形であることは言うまでもありませんが、その命令形には三つのニュアンスの違いがあって、第一に「希求」、すなわち、鎮西流の良忠の場

合のように、ねがいもとめるもの、第二に、単に何々せよという命令法本来の意味、第三に、相手方の提案をそのまま承諾許可を与えるというものであります。

御文にある「たすけたまへ」の「たまへ」は、まさにこの第三の用法で、佛の、「助けてあげよう」との仰せを素直に受け容れて、「はい、どうぞそうして下さいませ」という内容を持っています。

さて、この語釈の初めで私は、「たすけたまへ」と「たのむ」は対《つい》になっていると申しましたが、たとえば、二帖目第十三通には、

「後生をたすけたまへとたのみまうせば……」

三帖目第五通には、

「阿弥陀佛を一心一向にたのみたてまつりて、たすけたまへとおもひて……」

とあり、その他、三ノ二、四ノ十、五ノ二等に、この二つの言葉が、対になって使われることがきわめて多い、というより、「たすけたまへ」はほとんどいつも「たのむ」を伴っていると言えます。

なぜ、この二つの言葉は蓮師の場合、これほど密接な関係を持つのでしょうか？　先ほども述べましたように、宗祖は「たすけたまへ」という言葉を使っていません。「たのむ」の方は、全著作を通じて、四十九回使用していますが。

これについて、『蓮如上人御一代記聞書』に左のごとき一文があります。

一、聖人の御流はたのむ一念の所肝要なり。故に、たのむといふことをば代々あそばしおかれ候へども、委《くはし》く何とたのめといふことをしらざりき。然《しか》ば前々住上人の御代に、御文を御作候て、雑行《ざふぎやう》をすてて後生たすけたまへと一心に弥陀をたのめ、とあきらかにしらせられ候。然ば、御再興の上人にてましますものなり。

宗祖の開いた他力本願《たりきほんがん》の教えは、弥陀をたのむ一念に尽きる。この佛の救済をあてにし、力にするのただ一語であります。しかし、何とたのめばよいか分からなかったところを、蓮如上人が初めて「たすけたまへ」とたのめとお教えくださったので、それ以来なにごとも「あきらかに」分かるようになったと、この書は述べています。

文法的に考えますと、「さて、わが身の」から「たのみまうさば」までの節の骨子は、

「衆生（この御文においては女人《によにん》）は弥陀如来をたのむ」

でありましょう。この場合主語（省略されていますけれども）は「女人」、述語は「たのみまうす（＝たのむ）」、直接目的補語は「弥陀如来」です。

これで文章構成の三要素はそろっているわけですが、「たのむ（力にする）」といっても、どういうことについて力にするか、何をするのに力になってもらえるか、というところが分からない。それで後生を助けていただけるということについてあてにするのである——という状況補語あるいは従属節の補足がどうしても必要となるのです。

で、その補足の言葉は、「後生をたすけたまへと」ですから、それは、「たのむ（信頼す

る)」内容を説明して、「後生を助けてくださいというふうに」とか、「後生を助けてくださるということについて」とでも現代語訳したらよいでしょう。右の『御一代記聞書』の述べるところでは、蓮師以前には、「何々は、何々を、何々する」という教えの説き方だったものが、蓮師によって、「何々は、何々を、何々と、何々する」というふうに、新たに、助詞「と」の加わった、佛法の信じ方を教えられたということができましょう。

こんな文法的なものの考え方では、かえって分かりにくいという読者もおられるかもしれません。そこで、この書の報ずるところを、文法的分析ではなく、別の言い方で説明いたしますと、真宗では、昔は、ただ阿弥陀佛を一心に信頼申し上げさえすればよいのだとのみ教えてきたが、それだけでは漠然《ばくぜん》として、もうひとつよく呑《の》み込めないきらいがあった。ところが、前々住上人(蓮如上人)が、御文を著わされて、後生たすけたまえとたのむのであると教えられ、これで何もかも明らかになったのだ、ということであります。抽象的で分かりにくかったものが、具体的で分かりやすくなったのであります。

たしかに、阿弥陀佛は、我々衆生を、自分のお国である極楽浄土へ生まれさせようとお誓いになったのであります。ですから、そのお言葉どおり、死んだ後で(=後生)、極楽へ生まれられるということにおいて、この佛を信ずればよいのであります。ですから、蓮師は、ただ信ずるのではなく、極楽往生できると信ずるのだと明らかにしました。

これを宗義《しゅうぎ》では、「本願招喚《ほんがんしょうかん》の勅命《ちょくめい》」などと、難しい言葉で説いていますが、要するに、佛の極楽浄土よりの呼び声に魅《ひ》かれて、往生を遂げよとの教えです。ただわけもなく信ぜよ、よりはるかに、とびつきやすい言葉です。この教えを聞いた当時の民衆は、欣喜雀躍《きんきじゃくやく》して、上人のもとへ、我も我もと群れ集まったのです。それでこの書の最後の一行の意味もお分かりでしょう。

「然ば、御再興の上人にてましますものなり」

群衆の中でもまれながら、上人の説法に涙した著者の驚きと感激を読み取ることができます。蓮師一代の教化は、「御再興」と言うのを通り越して、まさに一宗興行の大盛事でありました。「たのむ」が、「たすけたまへ」と「たのむ」になったことは、後の世から見ればコロンブスの卵のごとく、いたって当たり前のこととしか受け取れないかもしれません。しかし、実は、量より質への転換と言うか、あるいは、コペルニクス的とも言うべき、宗義の一大転回を遂げたのです。

○わが身のつみのふかきことをばうちすてて　私はときおり、ふと過去にした不始末を思い出して、大いにそれを悔やむことがあります。「あの時はとんでもない悪いことをした」——そういう気持ちになり出すと、もう居ても立ってもいられなくなります。そうかと言って、すでに済んでしまったこと、取り返しのつくはずはありません。ですから忘れてしまおうとするのですが、なかなか忘れられるどころか、後悔の念がいよいよはげしく私を責め立てるのです。こういうときは、どうしようもありません。しかし、よくしたもので、その問題にはなんの解決もつかないまま、いつとはなしに忘れるともなく忘れてしまいますが、時には悶々《もんもん》として幾晩も眠れないこともあります。

こんなある時、この言葉が急に頭に浮かびました。しばらく考え込みました。それから、なるほどと思って何遍も心の中で頷《うなず》きました。

浄土真宗では、我々の罪障の深いことを繰り返し教えます。そして、佛の救いのことも教えます。でもその中間にあるこの言葉を、案外見過ごしてしまうことが多いのではないでしょうか？　私も今まで、何度も読みもし、聞きもしてきた言葉にちがいありません。ただそれは、いつも頭の上を通り過ぎていってしまっていました。たしかになんでもない但書《ただしがき》のような一句ですが、ほんとうは、これこそ大切な勘所《かんどころ》と私は思いました。

過去の罪はいくら悔いても決して償《つぐな》いのつくものではない。くよくよしているよりは、そんなことをすべてかなぐり捨てて、佛にお任せすればよろしい。それでこの句に続くのが、「弥陀にまかせまゐらせて」であります。

それには心の転換が必要でしょうね。「清水《きよみず》の舞台から跳び降りる」といったような勇気も要《い》るかもしれません。しかし、いずれにせよ、解決の目処《めど》のまったくつかなくなった自分なのですから、脱出するよりほかないでしょう。後悔するなんて、あたかも壊れた瀬戸物のかけらとかけらを繋《つな》ぎ合わせて慰みしているようなものです。そんなものはさっさとあきらめて、屑物《くずもの》入れに放り込んで、新しいのを買いにいけばよいでしょう。

こうして、「わが身のつみのふかきことをばうちすてて」の一言が心に浮かんだとき、私は気が晴れ晴れとしたのです。

この大事な一言、御文においてはここだけではありません。

「我が身の罪のふかき事をばうちすて佛にまかせまゐらせて」（五帖目第四通）

「あながちに我身のつみのふかきにもこころをかけず」（二帖目第十通）

「わが身のつみのふかきことをばうちおきて」（三帖目第一通）

「わが身のつみのふかきには目をかけずして」（三帖目第五通）

「我が身のあさましきつみのふかきことをうちすて」（五帖目第十八通）

蓮師は、これほどまでに繰り返して、同じようなことを説きながら、我々に、我々自身の罪にこだわる心を、一刻も早く捨てて、佛の救いに身を任せるよう勧めています。私はその切なる気持ちを喜ぶとともに、今までそれに気づかなかったことを、申しわけなく思います。

世の中には、いつも人に迷惑をかけながら、それをいささかも意に介しない人が時にあります。どうも困ったもので、そういうことを反省もし、懺悔《ざんげ》の心も起こさなければ、佛法に逢《あ》うことはできますまい。しかし、そうかといって、何事にもいちいちくよくよしてばかりいても、やはり佛法には触れがたいでしょう。

親鸞聖人の『末燈鈔《まっとうしょう》』には、

わがみのわるければいかでか如来むかへたまはむとおもふべからず、凡夫はもとより煩悩具足《ぐそく》したるゆゑにわるきものとおもふべし。

とあります。徒《いたず》らに自己を卑下して、引っ込み思案になるのも、如来の御意《みこころ》に添うことにはなりません。

○その身をよくしろしめして　こう考えると、その次に出てくる、「その身をよくしろしめして」の句が、いかにも活《い》き活《い》きと戴けるのであります。

たとえば、親子の情愛などに引き比べてみると、よく呑み込めることとです。子供が親にとびついてくるとき、それが一途の愛情の発露か、あるいは何か悪いことでもして、叱られないよう先手を打つためか、あるいはものをねだるためのお上手《じょうず》か、親の方はすでに知っていながら抱き上げてやるとしましょう。すると、子供の方でも、親に見透《みす》かされていると分かっていながら抱きつく。

御文のこの二、三行の中にこのような親子の情景が連想されませんか。まさに、佛心《ぶっしん》と凡《ぼん》心《しん》（女人・凡夫の心）のぴたりと合った、阿吽《あうん》の呼吸とも言うべきところでしょう。

○極楽・浄土　上記二語のうち、まず「浄土《じょうど》」とは、覚《さと》りを開いた佛や、将来覚《さと》りを開くべき菩薩《ぼさつ》の住む清浄《しょうじょう》な国土ということで、阿弥陀佛の西方《さいほう》極楽浄土、阿閦佛《あしゅくぶつ》の東方妙喜《みょうぎ》世界、薬師佛《やくしぶつ》の東方瑠璃《るり》世界、弥勒菩薩《みろくぼさつ》の兜率天《とそつてん》、観音菩薩《かんのんぼさつ》の普陀落山《ふだらくさん》など多くありますが、今日では、浄土と言えば、ふつう阿弥陀佛の極楽浄土を指すようになりました。

ですから、ここではお互いに同義語として使われているのです。「極楽《ごくらく》」については、『阿《あ》弥《み》陀《だ》経《きょう》』に、

その時、佛《ほとけ》、長老舎利《しゃり》弗《ほつ》に告げたもう、これより西方《さいほう》、十万億の佛土《ぶつど》を過ぎて、世界あり、名づけて極楽という。その土《ど》に佛《ほとけ》ありて、阿《あ》弥《み》陀《だ》と号す。（かれ）いま、現に在《い》まして説法したもう。舎利弗よ、かの土《ど》をなにがゆえに名づけて極楽となすや。その国の衆生《しゅじょう》、もろもろの苦しみあることなく、ただもろもろの楽しみを受く。ゆえに、（その佛土を）極楽と名づく。

とあります。読んで字のごとく、きわめて楽しい所でしょう。「極楽」は梵語スクハーヴァティー（幸ある所）の漢訳語です。

〈讃嘆《さんだん》〉

さて、第一段との間にいささか飛躍した論理を補って考える必要のあることは、すでに申しました。

また、前節をさらに二つに分かって、前半は信心の大略を示し、後半はそれを詳しく説明したものとみなすべきことも申しました。けれども、大略と詳述という概念が必ずしも適切に当てはまらないかもしれません。むしろ、前半部分で提示されたテーマ（主題）が、ヴァリアシオン（変奏曲）となって後半に展開されているといった方がよいかもしれません。

前項において提示されたのは「助け給えと頼む」というテーマですが、

「ひしとたのみまゐらせて……たすけたまへとまうさん」

が、後項で、

「たすけたまへとたのみまうさば……」

と形を変えて繰り返されています。

いま私は音楽になぞらえてお話ししているわけですが、前項における原主題が、後項で、変奏一、さらに変奏二となって反復されます。そして、主題も変奏も各々四つの句に分けられます。左にそれを表示してみますと、
一、主題……なにのわづらひもなく
　変奏一……わが身のつみのふかきことをばうちすてて
二、主題……阿弥陀如来をひしとたのみまゐらせて
　変奏一……弥陀にまかせまゐらせて
三、主題……今度の一大事の後生たすけたまへとまうさん女人をば
　変奏一……ただ一心に弥陀如来後生たすけたまへとたのみまうさば
四、主題……あやまたずたすけたまふべし
　変奏一……その身をよくしろしめしてたすけたまふべきことうたがひあるべからず
　変奏二……たとへば十人ありとも……往生すべきことさらにそのうたがふこころつゆほ

どももつべからず

四句ともに同じ趣旨内容の繰り返されているのがお分かりでしょう。変奏二だけは少し違って第四句の内容、すなわち、救済に間違いのないこと、したがって、それを疑うべからざることのみが、「浄土にむ《(生)》まる」と語を変えて、第二段後節に重複されることとなります。そういうことからすれば、後項後半は、変奏の二というよりも、後節への経過部とでも名づけた方が適切かもしれません。

当初、第二段前節は信心を、後節は信心の益《やく》（信心の結果得られる利益）を説いてあると言いましたが、この経過部は、同時に、信心の益、すなわち「浄土往生」という第二主題に移行するための導入部でもあるわけです。

文学作品と見るべきかどうか、ときに躊躇《ちゅうちょ》されるような、単なる粗雑な話し言葉の書き留めのような外見を呈する御文ですが、熟読すれば、実に驚嘆すべく緻密《ちみつ》な文章構成の行われていることに気づかされるのであります。

蓮師の理論は、寸分の狂いもなく、一つまた一つと重ねられていく、積《つ》み木《き》の塔のようであります。私は御文の言葉を彼岸より此土に打ち寄せる波のごとく聞きます。凪《なぎ》の日に海辺に立ってごらんなさい。波が何段にも重なって、次から次と岸辺へ向かって進んでくるでしょう。たたみかけてくる波のごとく、我々衆生は御文によって浄土へ誘《いざな》われる思いがするではありませんか。

いるのです。

[第三段]

〈語釈〉

○やすき　救われるためには、阿弥陀如来の助けようとの仰せに従いさえすればよいのですから、我々の方としてはなんの造作もいらないので、易《やす》い（やさしい、簡単な）と言われているのです。

浄土真宗のやさしい教えということは、誰もが口をそろえて言うことですし、それだから民衆の間に弘《ひろ》まったのだとも言われます。しかし、そんなにやさしい教えだとしたら、今日、なぜ信ずる人が少ないのでしょう？

このことは、水泳などにたとえて考えたらよく分かるんじゃないかと思います。泳げない人は水に入るのが恐《こわ》く、無理に泳ごうとすると、かえって体は沈み、鼻や口からどんどん水が入ってきます。しかし、いったん泳ぎを覚えると、それが実に楽しく、また簡単なことで、以前に水を恐がったことが、むしろ不思議で、われながらおかしく思われるものです。水を信じ、水に身を任せられるようになったので、水泳を覚えたのでしょう。

「かくのごとく」以下の一文は、このことをよく表わしています。「あさまし」は、我ながらあきれたとか、情けないという感じでしょうね。

○なほなほ　原文では「ナヲ〳〵」と書かれています。室町期にはこういう書き方もあったのでしょう。

「もっと」「さらに」という意味で、いままで信じなかった、その分だけ余計に深くといった気持ちを含んでいます。

しかし、「なほ（猶、尚）」には「また」「ふたたび」の意もあるので、一度助け給えと頼んだのを、ふたたび、つまり、「常々《つねづね》」「いつもいつも」助け給えと頼むべきだとの説がありますが、これは誤りです。いったん弥陀を信じ、頼んだのが、一生を通じて深まっていくのであって、何度も繰り返し行われるのではありません。

これについて、上人の初めて書いたということになっている寛正《かんしょう》二年（一四六一）三月の御文（帖外御文）に、

信心を如来よりあたへたまふ……なり。さればこのうへには、たとひ名号をとなふるとも、佛たすけたまへとは、おもふべからず。……

と説いて、「たすけたまへ」が何回も繰り返されるのではなく、入信の時に、ただ一度だけのことであるのを明らかにしました。

# 五帖目第十五通　阿弥陀如来本願の章

夫《それ》、弥陀《みだ》如来《によらい》の本願《ほんぐわん》とまうすは、なにたる機《き》の衆生《しゆじやう》をたすけ給《たまふ》ぞ。又《また》、いかやうに弥陀《みだ》をたのみ、いかやうに心《こころ》をもちて、たすかるべきやらん。まづ機《き》をいへば、十《じふ》悪《あく》・五逆《ごぎやく》の罪人《ざいにん》なりとも、五障《ごしやう》・三従《さんしよう》の女人《によにん》なりとも、さらに、その罪業《ざいごふ》の深重《じんぢゆう》にこころをばかくべからず。ただ、他力《たりき》の大信心一《だいしんじんひとつ》にて、真実《しんじち》の極楽往生《ごくらくわうじやう》をとくべきものなり。

されば、その信心《しんじん》といふは、いかやうにこころをもちて、弥陀《みだ》をばなにとやうにたのむべきやらん。それ、信《しん》心《じん》をとるといふは、やうもなく、ただもろもろの雑行《ざふぎやう》・雑修《ざふしゆ》、自力《じりき》なんどいふわろき心《こころ》をふりすてて、一心《いつしん》にふかく弥陀《みだ》に帰《き》するこころのうたがひなきを、真実信心《しんじちしんじん》とはまうすなり。

かくのごとく、一心《いつしん》にたのみ一向《いつかう》にたのむ衆生《しゆじやう》を、かたじけなくも弥陀如来《みだによらい》はよくしろしめして、この機《き》を光《くわう》明《みやう》をはなちてひかりの中《なか》にをさめおきましまして、極《ごく》楽《らく》へ往生《わうじやう》せしむべきなり。これを念佛衆生《ねんぶちしゆじやう》を摂取《せふしゆ》したまふといふことなり。

このうへには、たとひ一期《いちご》のあひだまうす念佛《ねんぶち》なりとも、佛恩報謝《ぶちおんほうしや》の念佛《ねんぶち》とこころうべきなり。これを当流《たうりう》の信心《しんじん》をよくこころえたる念佛行者《ねんぶちぎやうじや》といふべきものなり。あなかしこ、あなかしこ。

〈現代語訳〉

問――阿弥陀如来《あみだにょらい》の第十八願というのはどういう機根《きこん》の衆生《しゅじょう》をお助けくださるのでしょうか。また、どのように阿弥陀佛《あみだぶつ》にお頼りし、どういう心がけであれば、救われるということになるのでしょうか。

答――まず機根について言うなら、それは十悪《じゅうあく》・五逆《ごぎゃく》の罪人であり、五障《ごしょう》・三従《さんしょう》の女人《にょにん》でありあります。そのような罪人、女人でも、めいめいの罪業《ざいごう》の深く重いことには、いっさい苦《く》に病《や》んではなりません。ただ、すぐれた他力《たりき》の信心《しんじん》一つだけで、極楽《ごくらく》の真実報土《しんじつほうど》へ往生《おうじょう》を遂げなければなりません。

問――それでは、信心というのには、どういう心がけをすればいいのでしょうか。そして、どんなふうに阿弥陀佛にお頼りすべきでしょうか。

答――信心を持つというのは、なんということはない。ただ、さまざまの雑行《ぞうぎょう》とか、雑修《ざっしゅ》とか、自力《じりき》とかいう悪い心をかなぐり捨てて、ただ一途《いちず》に弥陀《みだ》に帰依《きえ》して、疑う心がないのをいうのです。それを真実の信心というのです。

このように、一心《いっしん》に頼り、一向《いっこう》に頼る衆生のことを、阿弥陀如来は、もったいなくもよくご承知になって、光明《こうみょう》を放ち、その者をこの光の中にお包みになり、(彼の命の終わった時)極楽へ往生させられるのです。このことを「念佛《ねんぶつ》の衆生を摂取《せっしゅ》し給う」というのです。

これより以後は、ずっと終生称《とな》え続ける念佛でありますが、それはすべて佛恩報謝《ぶっとんほうしゃ》の念佛であると心得るべきです。

このようになった人を、当流真宗《しんしゅう》の信心をよく心得た念佛行者《ねんぶつぎょうしゃ》と呼ぶべきであります。

〈由来〉

「夫《それ》、弥陀《みだ》如来《にょらい》の本願《ほんぐわん》とまうすは」と、この御文《おふみ》は始まっていますので、一応、「阿弥陀如来本願の章」と呼ばれています。

観城の『御文章来意鈔《ごぶんしょうらいいしょう》』を読みますと、蓮如上人《れんにょしょうにん》五十一歳の寛正《かんしょう》六年(一四六五)十一月、報恩講《ほうおんこう》の初逮夜《しょたいや》に、京都東山《ひがしやま》大谷本廟《おおたにほんびょう》に(あるいは、このとき本願寺《ほんがんじ》は大津にあったとも言う)江州金森《かねがもり》の道西《どうさい》が赴いたところ、彼のほかには下間法眼《しもつまほうげん》しか参詣《さんけい》していなかった。

法要《ほうよう》終わって、蓮師《れんし》は両人に向かい、このように参詣が少ないのは、宗祖親鸞聖人《しんらんしょうにん》のお弟子たちに念力《ねんりき》が薄いためであると注意した。二人はこの一言が骨髄に徹し、辞去するとともに、さっそく知り合いの人々と語らい、翌朝は、ともに二、三十人ずつ伴って本廟へ参った。

上人は大いにこれを喜び、その夜のうちにこの御文を書き、さらにその翌日、すなわち二十三日に、参詣者に発表した。御文は書き写されて方々に広まり、本廟へお参りに来る人も、それにより、日を追って多くなったと、本章の来歴が述べられています。また、そういう経緯から、この御文は「駆《か》り催《もよお》しの御文」とも、「参り初めの御文」とも名づけられているというのです。

ところが、寛正六年正月に、大谷本廟は延暦寺《えんりゃくじ》衆徒の襲撃に遭って、上人はここを退去し、その後四年間は、叡山《えいざん》の追跡を逃れて、京都・近江を転々としていますから、この年の十一月に東山であれ、大津であれ、報恩講が勤まるはずはないので、右の話は、明らかに虚構であります。

ただし、本章の後《あと》の方には光明摂取《こうみょうせっしゅ》の法語《ほうご》もあり、上人の我々衆生を勧化《かんけ》しようという気持ちの切なるものが窺《うかが》われ、そういう御文の内容を、この来意譚は、よく象徴していると申せましょう。

〈段落〉

では、この章の段落について考えます。いろいろと分け方はあるでしょうが、私は四つに区分してみたらどうかと思います。

初段と第二段は、いずれも問答形式になっています。この二つをまとめて一段落としてもよいでしょうが、そうすると、他の二段に比べて、これがかなり長くなるので、やはり二つにしました。

そこで、初段は、冒頭から七行あり、「されば、その信心……」から第二段で、六行ありあります。「所被《しょひ》の機」とか「信心の相状《そうじょう》」とか、この二つのくだりについて難しい言葉で説明する講者《こうじゃ》もありますが、要約すれば、どうしたら救われるかということに尽きるかと思われます。

これに対し、第三段は、「かくのごとく……」から同じく五行ほどで、「信心の益《やく》」と言って、いわば、救われるとはどういうことなのかが説かれています。そして、それは「光明《こうみょう》摂取《せっしゅ》」ということであります。

第四段、すなわち最終段は、「このうへには……」からで、信心を得た後には、佛恩報謝《ぶっとんほうしゃ》の念佛があるとし、当流（＝浄土真宗《じょうどしんしゅう》）の念佛行者はかくあるべしとして、この章が閉じられています。

以上を、例によって図示してみます。

- 五帖目第十五通
  - 第一段
    - 問 —— 夫、弥陀如来の本願とまうすは……(1)
    - 答 —— まづ、機をいへば……(3)
  - 第二段
    - 問 —— されば、その信心といふは……(8)
    - 答 —— それ、信心をとるといふは……(9)
  - （第一段・第二段）（どうしたら助かるか？）
  - 第三段 —— かくのごとく……(14)（助かるとは —— 光明摂取）
  - 第四段
    - 前節 —— このうへには……(19)（佛恩報謝の念佛）
    - 後節 —— これを当流の……(20)（当流の念佛行者とは）

**［第一段・第二段］**

**〈語釈〉**

○本願　佛道修行《ぶつどうしゅぎょう》の結果、菩薩《ぼさつ》の位に到達すると、そこで願《がん》を立て、その願を満足すべく、さらに修行を重ね、後《のち》の生《しょう》に至って、佛《ほとけ》となると佛教で考えられています。

それで、本願《ほんがん》とは、佛が未《いま》だ菩薩であった過去世《かこせ》において、佛となるべく立てた願のことであります。本《もと》からの願い、本来の願い、根本の願い、というような意味から本願というのでしょう。

梵語《ぼんご》では「プラニドハーナ」で『大無量寿経《だいむりょうじゅきょう》』に、法蔵菩薩《ほうぞうぼさつ》が、四十八の本願を立て、修行をされ、その願が成就《じょうじゅ》して阿弥陀佛《あみだぶつ》という佛になられた過程が物語られています。

浄土真宗では、他の佛・菩薩のことではなく、もっぱら『大無量寿経』に説かれたこの四十八の願のことを本願というのですが、別して、その中の第十八番目の願のことを、四十八願中の根本であるということで、とくに本願と呼ぶのです。

この御文では、後者、すなわち、第十八願を指して本願としています。なぜそれが分かるかというと、六行あとに、「他力《たりき》の大信心《だいしんじん》」とあり、またそのあとも七行目に「真実信心《しんじちしんじん》」とあるからです。

第十八願には「至心《ししん》・信楽《しんぎょう》・欲生我国《よくしょうがこく》」とあり、これを真宗で「三信《さんしん》」といいますが、これが他力の大信心であり、真実信心であります。三信は如来より与えられた、勝れた信心であるというのですが、とくに「大」の字を付して、大信心と言われ、また、我々衆生は、嘘《うそ》偽《いつわり》のみで誠《まこと》の心というものはないが、如来より賜《たまわ》る信心なるがゆえに、真実信心と言えるのであります。

こういう他力の大信心、真実信心の説かれた願のことを、蓮師はここで話題としているので、この「本願」は第十八願のことにちがいないわけです。

○機　大変難しい言葉で、さまざまの意味がありますが、もともと、弓に矢をつがえて今にも放とうとする様子を言うので、それから広く、「ばねじかけ」を表わします。

『佛教語大辞典』には、「佛道修行というネジをかけることから、転じて、佛の教えに触れることによって発動する精神的・心的な能力。機根・根機《こんき》ともいう」とあります。梵語のヴィネーヤに当てた漢字で、ヴィネーヤは教化《きょうけ》を受けるべき者、法を受けるべき者ということで、機根の意味に一致します。転じて、機《き》は衆生《しゅじょう》・有情《うじょう》の同義語となりますが、ここでは「機根」すなわち、能力、性質などの意味です。「なにたる機の……」（どのような能力、性質の……）と疑問を設定したのは、四行目の「十悪・五逆」「五障・三従」の、という答えを出すためです。

○十悪・五逆　十悪業《じゅうあくごう》は、殺生《せっしょう》・偸盗《ちゅうとう》（盗み）・邪淫《じゃいん》・妄語《もうご》（偽《いつわ》り）・綺語《きご》（ざれごと）・悪《あっ》口《く》・両舌《りょうぜつ》（二枚舌）・貪欲《とんよく》・瞋恚《しんに》（怒り）・愚痴《ぐち》（愚か）の十の悪業で、このうち初めの三つは体でする悪、中の四つは口の悪、終わりの三つは心に起こる悪であります。

五逆罪《ごぎゃくざい》についてはいろんな説がありますが、通常、①母を殺すこと、②父を殺すこと、③聖者《しょうじゃ》（阿羅漢《あらかん》）を殺すこと、④佛身血《ぶっしんけつ》（佛の身体を傷つけて出血させること）、⑤僧伽《そうが》（佛教教団）の平和を乱すことの五つを挙げます。これらを犯すと無間地獄《むげんじごく》に堕するというので、五無間業《ごむげんごう》とも言います。

○五障・三従　五障《ごしょう》――女人は死後、梵天《ぼんてん》・帝釈天《たいしゃくてん》・魔王《まおう》・転輪王《てんりんのう》・佛《ほとけ》に生まれ変わることができないという、五つの障害を生まれながら持っていると『法華経《ほけきょう》』に説かれています。

梵天には清浄行《しょうじょうぎょう》の結果なることができるが、女人には汚れた愛着《あいじゃく》が多すぎる。帝釈天になるには小欲でなければならぬが、女人は欲が多い。強い心と力がなければ魔王になれないが、女人は弱い。仁慈《じんじ》によって転輪王になるのであるが、女人には嫉妬、害心が多い。そして、佛は万徳を備えていなければならないが、女人は煩悩《ぼんのう》を持っているので佛になれないというのです。右のような五つの人間よりよい生を、来世《らいせ》において享《う》けることができないという障害（さわり）を負うているのが、女人の生まれ持った宿業《しゅくごう》だということになります。

三従《さんしょう》——三つの婦徳。幼にして父に従い、嫁しては夫に従い、老いては子に従うという婦人の徳を儒教で勧めていますが、インドのマヌ法典でも同様のことを説いています。五障は来世の問題でしたが、今生《こんじょう》においても、女人は一生忍従の生活を強いられるというのであり、そのため、男子のように佛道を修めることもなかなかできにくいわけです。

しかし、五障にしても、三従にしても、それらを罪と呼ぶことができるでしょうか？ なかでも三従は婦人の「徳」に数えられるのですから、まるで矛盾しているようであります。そのあたりは、次の言葉について、一緒に考えたいと思います。

○罪業　右の「十悪業」のごとく、身口意《しんくい》によって造られる罪悪の業。そこで、「十悪・五逆」は、誰しも明らかに罪業と認めるところでありましょうが、「五障」は、それ自体罪とは思われません。しかし、女と生まれたのが業であるということになると、それはもう今生以外の問題として、常人の思考を超えた議論となるでしょう。また、「三従」の方は、忍従の生活をせねばならぬという、気の毒な「境遇」ということであって、「罪」の概念とは別の範疇《はんちゅう》に属すると思われます。

それについて、中村元先生の『新・佛教辞典』の「業《ごう》」の項に、「本来の意味は、単に行為をいうが、因果《いんが》関係と結合して、前々から存続して働く一種の力とみなされた。つまり一つの行為は、かならず善悪、苦楽の果報《かほう》をもたらすということで、ここに、業による輪廻《りんね》思想が生れ、業が前世から来世にまで引きのばされて、説かれるにいたる。……本来は、未来に向かっての人間の努力を強調したものであるが、宿業（前世に造った業）説などになると、それとは逆に、一種の宿命説におちいったきらいがある」とあります。

大変難しい問題でありますが、私は次のように理解します。――五障・三従は、それ自体「罪」ではありえないが、現世《げんせ》および来世のための障害（さわり）であって、これは前世における「罪業」の報いであるという考え方がある。別の見方ですと、三従は前世の「罪」の結果、五障は来世の「業」の原因たるべきものである。つまり、罪業とは、過去・現在・未来三世《さんぜ》にわたって認識されるべき言葉でありましょう。さらに別の観点からすると、この世に女と生まれてきたことを、すでに罪とする考え方となります。

承服しかねる向きも多いことでしょう。そこで、法律上の罪と、信仰（宗教）上の罪とは別であるとわきまえておく必要があります。信心の問題においては、元来、救いということを「中心」というか、「基点」に置いて、一切の認識が成り立っていくわけで、十悪・五逆についても、五障・三従についても、「佛になれない」「道を修められない」というところに眼目があるのです。救い、佛と衆生・機、つまり私自身との間の距離、あるいは溝とでも言うべきものを頭に入れて考えてみてください。というより、これ以外に、この両者の向き合った姿以外に、何もないのではありますまいか？　その「佛になれない」ところに、逆に、まったく矛盾するようですが、佛になる道、すなわち、佛法《ぶっぽう》があるのでしょう。

　そして、御文の意《こころ》も、この一事でしかないと私は思います。

○真実の極楽往生　真実報土《しんじつほうど》へ往生すること。西方極楽《さいほうごくらく》「浄土《じょうど》は、阿弥陀佛の願行《がんぎょう》に報いて現われた世界であるというので、報土ともいわれる。方便化土《ほうべんけど》（仮の報土）に対する。浄土真宗で説く」（『佛教語大辞典』）――このように極楽には、真実報土と方便化土の二つがあると説かれ、後者の方は、自力の行者の生まれる所とされています。蓮師は、そこで、化土ではなく真実報土へ生まれるように、我々に勧めるのです。なお、「極楽・浄土」については、第十四通で語釈に挙げました。

○信心　第十通の語釈のところを見てください。

○雑行・雑修・自力・一心　雑行《ぞうぎょう》・雑修《ざっしゅ》・自力を次々に捨てて、次の、他力の「一心《いっしん》」に「帰する」捨象《しゃしょう》の過程については、第十通で述べました。一心についても、それに続いて解説しました。

## ［第三段・第四段］

〈語釈〉

○一心にたのみ一向にたのむ　「一心にたのみ一向にたのむ」とありますが、これは修辞上のことで、「一心一向にたのむ」というのと意味は変わりません。五帖御文全部を通じて、「一向一心」とあったり、「一心一向」とあったり、ときにただ「一心」、あるいは「一向」とのみ記されていて、全部併《あわ》せると七十三回現われ、八十通の中ですので、おおむね平均一回使われていることになります。一応みな、同じ意味に取ってよいでしょう。

○光明・摂取　第三段全体、つまり、「かくのごとく」から「摂取したまふといふことなり」まで、明らかに、『観経《かんぎょう》』の「一一光明　偏(遍)照十方世界　念佛衆生摂取不捨」の訓釈です。

これについては、昭和五十九年十二月号の『あすあすあす』に「摂取不捨《せっしゅふしゃ》」という題の拙稿があり、そちらも併せてごらんいただきたいのですが、獄中にある韋提希夫人《いだいけぶにん》が、極楽浄土《ごくらくじょうど》や阿弥陀佛観想の教えを請うたのに応《こた》えて、釈尊《しゃくそん》が示された種々の観想法の第九番目に説かれているものであります。

そして、この光明というのは、我々衆生の迷妄《めいもう》を啓《ひら》く知恵の光明であり、また、無間地獄に堕ちるべき十悪・五逆の罪人を優しく助けんとされる慈悲の光であると、その記事において申しました。

阿弥陀佛は、十劫《じっこう》の昔から、十方の世界に光明を照らし、我々衆生の疑の闇を破って、信心を起こさせてくださいますが、これを破闇《はあん》の光明と言います。そして、信心決定《しんじんけつじょう》の後は、その念佛の衆生を摂《おさ》め取って捨てない、摂取の光明となるわけであります。

そこで、右の『観経』の一文に二通《ふた》りの読み方ができます。

「一々の光明は、遍《あまね》く十方世界を照らし、佛を念ずる衆生を摂取して捨てたまわず」

と読むのと、

「一々の光明は、遍く十方世界の念佛の衆生を照らして、摂取して捨てたまわず」

とであります。前者の読み方であれば、あらゆる衆生を照らして、彼らの無明《むみょう》の闇を破り、そして信心を得た衆生を摂取することとなって、そこには破闇の光明と摂取の光明の双方が含まれたことになります。

しかし、後者の方ですと、信心を得た念佛の衆生の方に限って述べられていますから、摂取の光明のみが問題であります。

この御文の場合、

「……一向にたのむ衆生を……弥陀如来はよくしろしめして、この機を光明をはなちてひかりの中にをさめ……」

となっていますので、後者の読経法《どきょうほう》にならって、摂取の光明だけを強調しています。もっとも五帖御文全般を通じてはそうではなく、破闇の光明を説いた箇所もあります。


**〈讃嘆《さんだん》〉**

五帖目第十四通でしましたように、蓮師の説法《せっぽう》の展開法とでも申しますか、それをここでも考えてみたいと思います。第十四通では、音楽になぞらえて、主題と変奏という形で検討してみましたが、ここでも同じようなことが言えます。ただ、「主題」とも言うべきものを、結局、単語として要約できると思います。一応「主題語」と言わせていただきますが、それがいくつか、反復して文章の中に現われるのに気づきます。

**弥陀**

まず、「弥陀《みだ》」という言葉です。冒頭が「夫《それ》、弥陀如来の……」と始まって、すぐ次の行にまた、「弥陀を……」とあります。そして「弥陀をばなにとやうにたのむ……」と第二段で重ねて問いが発せられています。第一段では、この「弥陀」への答えがなかったのに対し、第二段で、「弥陀に帰するこころ」と答えが与えられます。さらに、その答えを受けて、第三段が「弥陀如来はよくしろしめして」となります。まるで、水面の石切りのように、「弥陀」が四段跳びをしておられますね。

**こころ→一心**

問いから答え、答えから問いへと跳び出すのは、この他に「心《こころ》」「こころ」があります。第一段、第二段ともにまったく同じ問いです。

「いかやうに心をもちて」

「いかやうにこころをもちて」

（蓮如上人真跡本で漢字、仮名がどのように使い分けられているか、まだ私は不勉強で調べていません。目下「実如本《じつによぼん》」と言われる広済寺蔵実如上人書写本を原典にしておりますので、その辺は今のところ問題としないでお話しします）

答えの方は、

「さらに、その罪業の深重《じんぢゅう》にこころをばかくべからず」

「やうもなく……わろき心をふりすてて……」

と両段で表現は変わっていますが、趣旨は同じです。

「こころ」「心」はそこで、ペリペシー（心境変化）を体験し、「一心」へと変貌を遂げて、第三段へ跳びはねていきます。

第二段・答え　一心にふかく弥陀に帰するこころの……
第三段　一心にたのみ、一向にたのむ

**信心↓念佛**

また、「信心《しんじん》」という言葉もあります。第一段の問いにこの語はなくて、答えの方にいきなり、

他力の大信心

と提唱されます。

これが第二段で「信心といふは」との問いとなり、答えで「信心をとるといふは」と問いを繰り返した後、「真実信心とはまうすなり」と結論づけています。「心」が「一心」と変貌したのに準じて言うなら、この「信心」はペリペシーを経て「念佛」と変わり、

第三段　念佛衆生を摂取したまふ

第四段　佛恩報謝の念佛……信心をよくこころえたる念佛行者

と転進していくとも言えましょう。信因称報《しんいんしょうほう》の教えの実に美しい展開であります。

**極楽往生**

その他、初段の答えの部に、「真実の極楽往生」という表現があります、これは第三段で、「極楽へ往生せしむ」と反復されているとともに、第二段の答えの部では、「真実信心」となって、初めの表現が、「真実」と「極楽往生」の二つに分かれています。

**機→衆生**

最後に、第一段で二度現われる「機」、一度だけの「衆生」の語が、第三段で再現することにも御注目ください。両者ともに、初め不特定であったのが、後段で光明に照らし出さ

れ、信心にアウフヘーベン（止揚《しよう》）されて出現するのが印象的です。それが最終的に「念佛行者」と、第二転回を遂げると見ることもできます。

以上、分かりやすいように、もう一度書き出してみます。

主題　**弥陀**

㈠一段・問い　弥陀如来

㈡一段・問い　いかやうに弥陀をたのみ

㈢二段・問い　弥陀をば、なにとやうにたのむべき

㈣二段・答え　弥陀に帰するこころのうたがひなきを（⑤と重なる）

㈤三段　弥陀如来はよくしろしめして

主題　**こころ→一心**

①一段・問い　いかやうに心をもちて

②一段・答え　罪業の深重にこころをばかくべからす

③二段・問い　いかやうにこころをもちて

④二段・答え　やうもなく、ただ……わろき心をふりすてて

⑤二段・答え　一心にふかく弥陀に帰するこころ（㈣と重なる）

⑥　三段　一心にたのみ　一向にたのむ

主題　**信心→念佛**

ⅰ　一段　他力の大信心一《ひとつ》にて（弥陀と他力の関係をもって、あるいは、二と三の間に挿入して考えることもできる）

ⅱ　二段・答え　信心といふは

ⅲ　二段・問い　信心をとるといふは

ⅳ　二段・問い　真実信心とはまうすなり（㋺と重なる）

ⅴ　三段　念佛衆生を摂取したまふといふことなり

ⅵ　四段　一期《いちご》のあひだまうす念佛なりとも　佛恩報謝の念佛とこころうべきなり

ⅶ　四段　当流の信心をよくこころえたる念佛行者といふべきものなり

主題　**極楽往生**

㋑　一段・答え　真実の極楽往生をとくべきものなり

㋺　二段・答え　真実信心とはまうすなり（ⅳと重なる）

㋩　三段　極楽へ往生せしむべきなり

主題　機・衆生（念佛行者）

ⓘ　一段・問い　なにたる機の衆生をたすけ給《たまふ》ぞ

ⓡ　一段・答え　まづ、機をいへば

〔第一転回〕

ⓗ　三段　この機を光明をはなちてひかりの中にをさめおき

ⓝ　三段　これを念佛衆生を摂取したまふといふことなり

〔第二転回〕

ⓗ　四段　当流の信心をよくこころえたる念佛行者といふべきものなり（ⅶと重なる）

蓮師の文章は一見稚拙《ちせつ》と思われかねません。ただいまも吟味しましたように、なんという同語の反復でしょう。これが、たどたどしいような、くどいような外見を与えるのでしょう。けれども、我々は、そこに、噛《か》んで含めるように、真実の法を分からせようと努める上人の心を読み取るべきだと思います。ときどき自ら述懐もしていますが、上人は、すぐれた、立派な文章を書こうなどという、いわば煩悩はすっかり捨てて、ひたすら一文不知《いちもんふち》の凡夫に信心をさせたいと、心を砕いたのです。

ですから、外見上の拙劣さは、言ってみれば、すでに計算ずみです。そして、どのように説けば、信心のことがよく分かるかに全力を注ぎました。それゆえ、たとえば、同語反復などは意図的にしたものにちがいありません。私は他の御文拝読のところで、積み木細工や海岸に打ち寄せる波などに譬《たと》えてお話ししたように思いますが、我々に呼びかけ給う如来の御声として、御文の言葉を読むべきだと思います。右に主題語とでも言うべきものを、五つ六つ抽出して解説させていただきましたが、こうしてたたみ重ねられる教えに、我々は信心にいざなわれる思いであります。

先ほど、石切りなどと申しましたが、本章では、右の五つの主題語が入れ替わり立ち替わり、綾《あや》をなして、快いリズムを打っています。そして、そのリズムに乗って、時に遅く、時に速く、佛法のメロディーとでも言うべき流れが進んで行きます。

たとえば、本章ですと、一段と二段は問答の形となって、小刻みに、少しずつ論理が積み重ねられて、少々まどろっこしいくらいですが、三段に入ると、港湾を離れて公海上に出た船のように、速度を速めて、波の上をすべって行きます。『観無量寿経《かんむりょうじゅきょう》』の文の引用になっているからでもありましょうが、前二段で呈示された五つの主題が、急に淀《よど》みなく走り出す感がします。始まりの「一心にたのみ、一向にたのむ」は、「かたじけなくも」以降の走行に、はずみをつけようとしているごとくでしょう。急にテンポを速めて進み出すさまは、そのまま、弥陀如来の光明の十方に及んでいく姿であり、その光を受けた機の信心の喜びの昂《たか》まっていく様子に符合しています。

そして、また、ただ「罪業のこころ」「わろき心」であったものが、「やうもなく」急に「弥陀」を「たのむ」「一心」に昇華されていくところ、往生の正因《しょういん》である「信心」が「摂取」の後、「佛恩報謝の念佛」と変わるところは、音楽でいうと転調、戯曲でいえばペリペシーの時の感動を喚び起こします。

「十悪・五逆」「五障・三従」の「機」であった「衆生」が、「ひかりの中にをさめお」かれる「機」、「摂取」された「衆生」へと転回し、さらに最終的に「念佛行者」となる過程においても同様であります。

# 五帖目第十六通　白骨の章

夫《それ》、人間《にんげん》の浮生《ふしやう》なる相《さう》をつらつら観《くわん》ずるに、おほよそはかなきものは、この世《よ》の始中終《しちゆうじゆう》まぼろしのごとくなる一期《いちご》なり。されば、いまだ万歳《まんざい》の人身《にんじん》をうけたりといふ事《こと》をきかず。一生《いつしやう》すぎやすし。いまにいたりて、たれか百年《ひやくねん》の形躰《ぎやうたい》をたもつべきや。我《われ》やさき人《ひと》やさき、けふともしらずあすともしらず、おくれさきだつ人《ひと》は、もとのしづく、すゑの露《つゆ》よりもしげしといへり。されば、朝《あした》には紅顔《こうがん》ありて、夕《ゆふべ》には白骨《はくこつ》となれる身《み》なり。すでに无常《むじやう》の風《かぜ》きたりぬれば、すなはち、ふたつのまなこたちまちにとぢ、ひとつのいきながくたえぬれば、紅顔《こうがん》むなしく変《へん》じて、桃李《たうり》のよそほひをうしなひぬるときは、六親眷《ろくしんけん》属《ぞく》あつまりてなげきかなしめども、更《さら》にその甲斐《かひ》あるべからず。さてしもあるべき事《こと》ならねばとて、野外《やぐわい》におくりて、夜半《よは》のけぶりとなしはてぬれば、ただ白骨《はくこつ》のみぞのこれり。あはれといふも中々《なかなか》おろかなり。

されば、人間《にんげん》のはかなき事《こと》は老少不定《らうせうふぢやう》のさかひなれば、たれの人《ひと》もはやく後生《ごしやう》の一大事《いちだいじ》を心《こころ》にかけて、阿弥《あみ》陀佛《だぶち》をふかくたのみまゐらせて、念佛《ねんぶち》まうすべきものなり。あなかしこ、あなかしこ。

〈現代語訳〉

人の世の定めなきありさまをよく考えてみれば、ほんとうにはかないものは、生まれ、育ち、死んでゆく幻のような生涯である。まだ人が一万年の寿命を受けたということを聞かない。一生はすぐに過ぎてしまう。〔人の寿命が五十六歳となった（四帖目第二通参照）〕今では、誰も百年間体を保つことはできない。死を迎えるのは、私が先だろうか、人が先だろうか？　今日かも知れぬ、明日かも知れぬ。先に死ぬ人も、生き残る人も、生死の別れは絶え間がなく、草の根もとの雫《しずく》と、葉の先の露のように、寿命の長短はあっても、人はいずれもはかなく死んでゆく――と古書に見えます。

だから、私たちは、朝には若々しい顔つきをしていても、夕方には白骨となってしまう身なのです。現に無常《むじょう》の風が吹いてきて、二つの目がたちまち閉じ、最後の一息が永久に切れてしまえば、せっかくの血色のよい顔も色を失って、桃《もも》や李《すもも》の花のような美しさをなくしてしまうでしょう。

その時になって、親族の者が集まって嘆き悲しんだとしても、もはやなんの甲斐《かい》もないでしょう。

そのままにしてもおけないので、野外に見送り、夜半に荼毘《だび》に付せば、煙となってしまって、ただ白骨のみが残るのです。とても言いようのないほど悲しいことです。

人の世は老少不定《ろうしょうふじょう》のはかない世界です。いずれの人も、早く後生《ごしょう》の一大事を心にかけて、深く阿弥陀佛《あみだぶつ》にお頼りして、念佛《ねんぶつ》申すべきであります。

〈由来〉

古来、「白骨の御文」と呼ばれ、宗門外にも知れわたり、広く人口《じんこう》に膾炙《かいしゃ》されてきた文章です。人生の無常が的確に描写されていることが、人心に訴えるところ切なるものがあるためでしょう。かかる作品を蓮師《れんし》が書くについては、なにかとくに痛ましい事態を目《ま》のあたりにしたからにちがいないということで、この御文《おふみ》のできた動機について、昔からいくつか語り継がれていることがあります。

『御文章来意鈔《ごぶんしょうらいいしょう》』を見ますと、山科《やましな》在住の青木民部《あおきみんぶ》という浪人に、清女《きよめ》という一人娘がいたが、心根も優しく、世に稀な美しさに恵まれていた。そのため、八、九歳のとき、将軍家からお召しを受けたが、なぜか本人が行きたがらないので、両親は可愛さのあまり、そのまま家に置いて育てた。

やがて十七歳ともなると、紅顔桃李《こうがんとうり》を欺く風情《ふぜい》となり、ある有力な武家より縁談を持ちかけられ、当人もその気になったので、すぐさま婚約を結んだ。しかし、浪人のこととて、手許不如意《もとふにょい》であったが、武士として容易に手放せぬ、先祖伝来の武具・馬具をことごとく売り払って、娘の衣装・道具を調《ととの》えた。

今晩は嫁入りという、その日の朝、両親は、お祝いに来た近隣の人々に衣装などを見せて喜んでいたが、二人の傍らにいた花嫁がにわかに苦しみ、一座の人々があれよあれよとあわてふためくうちに、息絶えてしまった。

民部夫婦は驚き悲しんで、半狂乱となって慟哭《どうこく》したが、氷のごとく冷えた骸《なきがら》をいまさらなんともする術《すべ》がなかった。隣近所の人たちが手伝ってその夜のうちに野辺《のべ》の煙とし、翌日、骨を拾って帰った。

父親はその白骨を手に乗せ、これが娘の花嫁姿かとわっと泣き伏したが、たちまちそれで息が絶えた。その場に居合わせた人々は、驚いてとても信じられないほどだったが、そのままにしておけないので、やはり茶毘《だび》に付すこととした。

あとに一人残った民部の妻は、ただ悲歎に暮れていたが、この人も、不思議なことに、その翌日、続いて愁《うれ》い死《じ》にすることになった。

これは上人七十五歳の延徳《えんとく》元年（一四八九）八月のことであった。すでに数年前、上人畢《ひっ》生《せい》の事業である山科本願寺《やましなほんがんじ》が完成していたが、件《くだん》の青木民部親子も、同じ山科に居住していたので、たびたびこの本願寺に参詣し、蓮師の声貌に接するの栄にも浴していた。そこで親類縁者が寄って相談した結果、娘の花嫁衣裳などいっさいの形見を山科本願寺へ持参することにきめた。

上人は一同の物語を聞き、生前面識の三人であったゆえ、ことさら哀れに思って、落涙することしばしであったが、やがて世の無常について御文製作を思い立った。

ところが、ちょうど筆を染めようとした時、海老名五郎左衛門《えびなごろうざえもん》という人の息女が死亡したという報《しら》せを受けた。そのあたりの地頭《じとう》で、本願寺の境内《けいだい》地を寄進した人であったが、娘というのが、やはり十七歳で、この日の朝、男山八幡《おとこやまはちまん》へ参詣しようと、朝早くから髪を結《ゆ》い、美しく化粧して、お歯黒《はぐろ》などをし、着飾って、大勢のお供を連れて門前へ出たところ、にわかに気分が悪くなって家へ引き返した。そのまま容態はどんどん悪化し、午頃《ひるごろ》にはもう息を引きとっていた。

蓮師はただちに海老名邸へ弔問に行ったが、地頭は涙にくれつつ、「我々のごとき佛道懈怠《けたい》の者になにとぞ人の世の無常を表わす御文を書いて御教化《きょうけ》ください」と願った。蓮師も今朝ほどからその構想を練っていたところなので、ただちにその筆を執った。――このような次第で白骨の御文ができ上がったというのです。

しかし、御文は大坂(大阪)で書いたものだという人もある。それによると、近くに住んでいる久治郎という者が、八人も子供を持っていたが、次々に全部亡くしてしまい、悲しみのあまり、大坂御堂《みどう》に入って僧侶となった。上人がこれを哀れんで、「白骨の御文」を書き与えたと言います。

あるいは、また、一説によれば、年代がもっと溯《さかのぼ》って、蓮師吉崎滞在のころ、文明六年（一四七四）に、大火があって山上の御坊・多屋が全焼したが、そのとき、本向房了顕《ほんこうぼうりょうけん》という僧が、聖教《しょうぎょう》を求めて火中に飛び込んだが、そのまま出られず、切腹して、腹中に聖教を収めて果てた。白骨の御文は、このとき上人から、本向房の妻子に授けたものであるとなっています。

さて、事実はどうであったか、いまさら知るよしもありません。それに特に最初の話など、あまりよくできすぎていて、首をかしげたくなります。けれども、この世の中、いずれの地、いずれの時にも不幸は絶えないのであって、蓮如上人の周辺でも、身内、弟子の間にいろいろなことが起こって、人々は歎き悲しみました。そのために上人は筆を執りました。それはたして、右の三つの中のどれであったか、あるいはまた、そのいずれでもないか――とにかく、具体的な動機がきっとあって、この御文はでき上がったにちがいありません。

〈段落〉

それでは、本章の段落について考えてみましょう。まず大きく二段に分けて、初めに無常が語られ、後に、「されば、人間のはかなき事は」以後短く、無常に対する法義《ほうぎ》が説かれていると見ることができます。

前段は二節に分かれて、前節では一般的に無常を述べ、後節、「されば、朝には紅顔ありて」以後は、実際に死者を目のあたりにした悲歎のさまを表わしています。その後の節をさらに細かく分析すると、最初は、新死の哀れむべき姿を描写し、次に「六親眷属《ろくしんけんぞく》」からは親族の歎きの様子を、そして最後に、「さてしも、あるべき」云々以後、白骨となった後を述べています。左にこれを図示いたします。

五帖目第十六通
- 前段（無常）
  - 前節（概括的に無常を表す）
  - 後節（死者を目のあたりにした様）
    - 第一項（新死の様）――されば、朝には……(7)
    - 第二項（親族悲歎）――六親眷属……(11)
    - 第三項（白骨）――さてしも、あるべき……(13)
- 後段（念佛をすすめる）――されば、人間の……(16)

## 古文の引用・想起

この御文は、他の諸章が、終始一貫、法義を示しているのとまったく異なり、いわば世俗的な無常を物語り、ほとんど終わりのところで信心《しんじん》を説いているという異色のものです。それだけに、一般にも親しみやすく、世の中に広く知られているのですが、佛教以外からも、和漢の古典がかなり引用・想起されています。

冒頭の「人間の浮生なる……」は、李《り》太白《たいはく》の有名な「春夜宴桃李園序」（春夜、桃李《とうり》園《えん》に宴《えん》するの序）を想い起こさせます。その文の初めを返り点読みしますと、

夫《そ》れ天地は万物の逆旅《げきりよ》なり。光陰は百代の過客《かかく》なり。而して、浮生《ふしよう》は夢の若《ごと》し。歓《よろこ》びを為すこと幾何《いくばく》ぞ……

となっています。このような中国の古典はかなり広く我が国で親しまれてきましたが、後《ご》鳥《と》羽《ば》上皇の『無常講式《むじようこうしき》』などにも、大陸の故事古典の影響が見られます。その一節に、

凡そ墓無き者は、人の始中終、幻の如くなる者は、一朝に過ぐる程なり、三界《さんがい》は無常なり、古《いにしへ》より未だ万歳《ばんぜい》の人身有るを聞かず、一生過ぎ易し、今に在りて、誰か百年の形体《ぎやうたい》を保たん、実に我や前《さき》人や前《さき》、今日とも知らず明日とも知らず、後れ先だつ人、本の滴末の露よりも繁し。

とあります。『無常講式』は、北条氏のために隠岐《おき》に流された上皇の、佛道に帰依《きえ》する心境の発露として深く世人の心を打ち、好んで口ずさまれてきましたが、本願寺の存覚《ぞんかく》師も、

自作『存覚法語《ぞんかくほうご》』の中にこれを引用しました。

おほよそはかなきものはひとの始《し》・中《ちゆう》・終《じゆう》、まぼろしのごとくなるは一期《いちご》のすぐるほどなり。三界无常《さんがいむじやう》なり、いにしへよりいまだ万歳《まんざい》の人身《にんじん》あることをきかず、一生《いちしやう》すぎやすし。いまにありてたれか百年《ひやくねん》の形体《ぎやうたい》をたもつべきや、われやさき人《ひと》やさき、けふともしらずあすともしらず、おくれさきだつひとは、もとのしづくすゑのつゆよりもしげしといへり。

これはほとんどそのまま本章に引き写され、先ほど申しました前段の前節がおおむねそれに当たっています。

次の「朝には紅顔……」は、義孝少将《よしたかのしようしよう》の詩として『和漢朗詠集《わかんろうえいしゆう》』に載せられている、

朝有紅顔誇世路　暮為白骨朽郊原　（朝《あした》に紅顔《こうがん》あつて世路《せろ》に誇《ほこ》れども　暮《ゆふべ》に白骨《はくこつ》となつて郊原《かうげん》に朽《く》ちぬ）

を想起したものです。

次も、『存覚法語』の、

ふたつのまなこたちまちにとぢ、ひとつのいきながくたえぬれば……紅顔そらに変《へん》じて桃李のよそほひをうしなひぬれば……

を引用してあります。

また、六行目に戻って、「もとのしづく……」については、

末《すゑ》の露《つゆ》もとのしづくや世《よ》の中《なか》の　おくれさきだつためしなる覧《らん》

という、同じく『和漢朗詠集』中の良僧正《りょうそうじょう》（僧正遍昭《へんじょう》）の歌が、いったん『無常講式』に用いられて、それがさらに『存覚法語』に伝えられたものでしょう。

右のごとく、和漢文学の古く長い伝承が、白骨の御文の中に生かされているのを見るのです。それで、文章も、たとえば「朝には……夕には……」「ふたつのまなこ……ひとつのいき……」など、対句もところどころに用いられたりして、調子も整えられ、思わず口ずさみたくなるような文体となっています。しかし、ほとんど全体が古文の引き写しではないかと言われるふしもあるでしょう。ところが、実際は御文製作に一貫した精神とでも言うべきものが、本章にも、初めから終わりまで息づいていることに、我々は気づかされるのです。

そこで、古文引用の主たる源泉となった『無常講式』と『存覚法語』をもう一度振り返ってみましょう。

両方とも、この五帖目第十六通よりはずっと長い作品ですが、後者では、「三輪《さんりん》」すなわち無常輪《むじょうりん》、不浄輪《ふじょうりん》、苦輪《くりん》ということが説かれています。佛教経典や、中国の故事などがふんだんにちりばめられて、白骨の章よりさらに美文体で、それだけに調子もよく、また難しくもあります。そして、とくに不浄輪の項などでは、山野に遺棄された骸《なきがら》の次第に変貌してゆくさまの描写など、真に迫って身の毛のよだつのを覚えます。

『無常講式』の方では、べつだん三輪を一つ一つ項目別に説いてあるわけではありませんが、人生の苦であるさまや人間の醜悪であるさまが無常観を織り交ぜて記され、読者の肺腑《はいふ》をえぐるようです。清涼紫宸《せいりょうししん》の玉簾《ぎょくれん》から、遠島の民煙蓬巷《みんえんほうこう》の葦《あし》の軒に居を移した上皇の歎きが身に沁みて感じられます。また、中国の歴史の紹介も豊富で、美文調の詠歎も『存覚法語』以上であります。

　これら二つの古文と比べて見るとき、この御文の文章はまことに簡素で、はるかに平易になっています。難しい漢語ができるだけ省かれ、極力美文体が避けられています。そして、不浄感や苦感に訴える部分はほとんど割愛されて、ただ無常《むじょう》ということのみに表現が統一されているのに気づくのです。とくに遺体の腐乱してゆく過程の描写がまったく除去されて、死の醜悪感をそそるところが全然ありません。このあたり古典を依用《えよう》しつつ、しかも淡々とした筆致をもって、一貫して我々に無常を教え、そこから佛法に引接《いんじょう》しようという一貫した蓮如上人の気持ちがうかがわれます。この簡潔で明快な論旨から、最後に、わずか四行の念佛を勧める結論が導き出されているのです。

〈語釈〉

　それでは、難しそうな語句を、順を追って考えてゆきましょう。

○浮生　先に引用した李白《りはく》の文などから出た言葉で、水に浮かんだ草が漂うような、あるいは泡が水の上にできたり消えたりするような頼りない人生。国語で浮《う》き世《よ》（憂《う》き世《よ》）というのと同意。

○おほよそ　①総体的に言って、全般的に見て、大略。②程度が普通であること、並大抵。③強めて言う語。代表的に。

　このうち③の意味として、まさしくこの第十六通の原典が古語辞典に引用されています。ですから、強意の語として「この中でも特に」とでも訳したらどうでしょうか。

○始中終　生涯の始め、少年時代と中ほど、壮年時代と終わり、老年時代。

○されば　接続詞。①それゆえ。②事の意外に驚くときに用いる。そもそも、いったい。

　その他、感動詞にも用いられますが、それはかなり時代が下ってからのようで、やはりここは接続詞でしょう。

　①②いずれの意味にも取れそうですが、むしろ調子をつけるために置かれていて、それほどはっきりしたものはないようです。

○百年の形躰をたもつ　外見の容姿を百年間保つ、つまり寿命が百年あること。釈尊《しゃくそん》出世の頃、人間の寿命は百歳あったといわれています。釈尊は、百歳の寿命をご遠慮なされ、八十歳で入滅されたともいいます。寿命について、蓮師は、四帖目第二通に「人間《にんげん》の寿命《じゅみゃう》をかぞふれば、いまのときの定命《ぢゃうみゃう》は五十六歳《ごじふろくさい》なり」と記されています。これは、釈尊入滅後百年経過するごとに、人間の寿命は一歳減少するという、『立世阿毘曇論《りっせあびどんろん》』の説に基づいたものです。滅後二千四百数十年を経た蓮如上人の時代には、人間の寿命は二十四歳減少しており、釈尊入滅の八十歳から二十四を引いて、五十六歳という寿命が導き出されたのです。

○すでに　已《すで》に、既《すで》に。副詞。①全く、すっかり。②終わった事実をいう語。もう、とっくに。③（古くは「……んとす」の形を下にともなって）事が近づいたことを言う語。もう少しで、あぶなく、すんでのことに。④もうけっして動かせないことにいう語。現に。ここは④に当たります。

○桃李　桃《もも》や李《すもも》の花のように姿の美しいこと。

○六親眷属　父母兄弟妻子または父母兄弟夫妻など。

○べからず　「べし」の否定。……してはいけない。……しそうにもない。……するはずがない。ここでは「するはずがない」。

○さてしもあるべき事ならねば　さてもあるべきことならねば。そのままぼんやりしてもいられないから。

○老少不定　「老少」は年寄と若い者と。この世は無常で年寄りが先に、若者が後で死ぬとは必ずしも定《き》まっていないということ。

○さかひ　「境界」ということから、「世界」を意味する。

○後生の一大事　来世《らいせ》に浮かぶか沈むかの問題はなにごとよりも大事であるという意。また佛は衆生《しゅじょう》が覚《さと》りを開く法を説くのを一大事としておられるということ。

# 五帖目第十七通　一切女人の章

それ、一切《いつさい》の女人《によにん》の身《み》は、後生《ごしやう》を大事《だいじ》におもひ、佛法《ぶちほふ》をたふとくおもふ心《こころ》あらば、なにのやうもなく、阿弥陀《あみだ》如来《によらい》をふかくたのみまゐらせて、もろもろの雑行《ざふぎやう》をふりすてて、一心《いつしん》に後生《ごしやう》を御《おん》たすけ候《さうら》へと、ひしとたのまん女人《によにん》は、かならず極楽《ごくらく》に往生《わうじやう》すべき事《こと》、さらにうたがひあるべからず。

かやうにおもひとりてののちは、ひたすら弥陀如来《みだによらい》のやすく御《おん》たすけにあづかるべき事《こと》のありがたさ、又《また》、たふとさよとふかく信《しん》じて、ねてもさめても、南无阿弥陀《なむあみだ》佛《ぶち》、南无阿弥陀佛《なむあみだぶち》と申《まうす》べきばかりなり。これを信心《しんじん》とりたる念佛者《ねんぶちしや》とは申《まう》すものなり。あなかしこ、あなかしこ。

〈現代語訳〉

すべて、女性《によしよう》として生まれて、後生《ごしよう》を大事と思い、佛法《ぶつぽう》を尊いと思う心がある人々は、躊躇《ためら》わず、すっかり阿弥陀如来《あみだによらい》にお頼りし、さまざまの雑行《ぞうぎよう》を捨て去って、後生をお助けくださいと、一所懸命、心から信頼申し上げるのです。

そのような女性が間違いなく極楽往生《ごくらくおうじょう》することには、なんの疑いの余地もありません。

こう意識し、納得されたら、それから後はなんと心安く阿弥陀如来はお助けくださることか、ありがたいことだ、尊いことだなあと、ひたすら、深く、如来を信じて、寝ても覚めても、南無阿弥陀佛《なむあみだぶつ》、南無阿弥陀佛と称えさえすればよいのです。こういう女性たちを、信心《しんじん》を得た念佛者《ねんぶつしゃ》と呼ぶのです。

〈由来〉

「それ、一切の女人《にょにん》の……」と始まっているので、普通この御文《おふみ》を「一切女人の章」と言い習《なら》わしていますが、本通では後生の事がとりわけ丁寧に説かれているので、私としては「後生大事の章」とでも呼びたい気がします。

そして、この御文の由来については、『御文章来意鈔《ごぶんしょうらいいしょう》』によると、堺、北ノ庄（現在、堺市）の道顕《どうけん》という者の願によって、文明《ぶんめい》八年（一四七六）、その娶《よめ》の音羽《おとわ》に授けたものだということです。

当時、道顕はすでに隠居して、息子の藤右衛門に家督を譲り、親子二人で蓮師《れんし》の教化《きょうけ》に浴していたが、娶の実家の父は、佛法に心がないばかりか、大いに教えを誇《そし》るありさまだったので、娘の音羽もそれに影響されて、夫の信心を妨《さまた》げようとさえするようになった。舅《しゅうと》の

道顕はこのことを直接蓮如上人に訴えたところ、上人曰《いわ》く、

「そのように汝が考えるようになったということは、とりもなおさず音羽に宿善《しゅくぜん》が開発《かいほつ》したのである」

道顕は大いに喜び、妻の祥月命日《しょうつきめいにち》に御来駕《ごらいが》いただきたいと願い出た。上人はこれを快諾し、当家に赴いて、音羽に懇々と法を説いた。上人の言葉に音羽はたちまち改悔《がいけ》の心を現わし、かつ、この得難き法縁《ほうえん》に遇《お》うたことに感涙に咽《むせ》んだ。蓮師《れんし》がその説法の内容を、その場で書き留めたのがこの御文である。

音羽は、それ以来、親筆の御文を繰り返し拝読し、信心決定《しんじんけつじょう》したが、やがては実家の両親をも諫《いさ》めて、蓮師の教えを聞かせ、親子三人で法義《ほうぎ》を喜ぶようになったというのです。

『御文章来意鈔』はもう一つ別の言い伝えも紹介しています。そこでは話は江州堅田《ごうしゅうかただ》（現在、大津市）での出来事になっています。

堅田に与助という者がいて、姉弟二人の子供を持っていたが、妻が早く死んで後妻を迎えたところ、彼女は継子たちを非常に邪慳《じゃけん》に取り扱った。不幸なことに、父親の与助も一、二年後に死亡した。すると、継母はもはや憚《はばか》る人もなくなって、子供たちに着るものも着せず、食物も与えないで、餓死に追いやった。近隣の人々はこれを誹《そし》ったが、本人は平気で、二児の追善《ついぜん》さえも行わなかった。姉の七回忌に当たる夜になって、この子が枕元に立ち、終夜《よもすがら》泣いて恨んだのを夢に見た。数日後の弟の命日には、今度は、この子が現われて恨《うら》み言《ごと》を

述べた。さらに四、五日後には、姉弟が連れ立って来て、継母を責め、恨みを晴らすために、彼女の手を取って、冥土《めいど》へ引き立てようとした時、辛うじて目が覚めた。後家《ごけ》はにわかに驚き恐れて、法事等営んだけれども、一向に気が済まず、今や、昼間も二児の亡霊につきまとわれ、彼等の泣き声が耳について離れなくなった。

そこで、彼女は堅田の町へ来た一人の旅の僧の許《もと》へ赴いて、なんとか後生の助かる法を授け給えと懇願した。僧は曰く、

「お前の悪行《あくぎょう》はすでに聞き及んでいる。もはや来世《らいせ》の助かる道はない」

与助の妻はいよいよ恐《こわ》くなり、

「お教えいただけるなら、衣類・家財はもちろんのこと、田畑も残らずお布施《ふせ》として差し上げます。なにとぞ、お慈悲《じひ》を以て、お助けください」

それを聞いた旅僧は、

「後生の一大事に気がついたのはよいが、金銀財宝によって救われるものではない。拙僧は一生戒《かい》を保って苦行《くぎょう》してきたが、未だ後生の救われるところまではいっていない。来世にもう少しよい所に生まれ変わって、その時覚《さと》りを得るしかないと思っている。ましてやお前のような極悪人を助けるなど思いもよらぬ。お前としても、子供たちが死んだ時、すぐ悔恨《かいこん》の情にさいなまれるならばまだしも、七年も経ってから後ではもはやどうにもならぬ。とても地獄《じごく》の責《せ》めは逃れられぬ。かわいそうだが、せいぜいこの世で楽をして、長生きするよう心

掛けよ」

と言って立ち去った。

こうなると、後家は、もう食物も喉を通らなくなり、憔悴《しょうすい》の極に達した。たまたま真宗《しんしゅう》の同行《どうぎょう》の一人が彼女を見かけて、その懺悔《さんげ》を聞き、そういうことなら、今、山科《やましな》にあって佛法を広めておられる蓮如上人に、お救いを乞うに如《し》くはないと教えてくれた。

与助の妻は、早速、山科本願寺《ほんがんじ》の蓮如上人に拝顔を願い出たところ、上人はすぐさまこれを聞き届けて、彼女の懺悔談に応《こた》え、大悪人の助かる御法《みのり》を教えた。彼女は感動のあまり、大声を上げて泣いた。やがて彼女は御礼を申し上げて、立ち帰ろうとしたが、蓮師はそれを留めて、今しがたの話を書き記して、与えた。それがこの御文である、というのです。

確かに、上人に帰依《きえ》した一女性のために説かれた御文でありましょう。

〈段落〉

前半で後生《ごしょう》の大事を説き、七行目の「かやうに」以降は佛恩報謝《ぶっとんほうしゃ》を教えています。その前半を、「機《き》」（ここでは特に女人《にょにん》）の立場を書いた前節と、往生疑《おうじょう》いなしとの、いわば「法《ほう》」の側を表した、「女人は、かならず」（五行目）以後の後節に分けて考えたいと思います。

前節の初めの二行は、「佛心のある者は」という意味の、縁《えん》の有無を呈示し、「なにのやうもなく」（二行目）以下は、その有縁《うえん》の人々に、信心《しんじん》に入ることを勧めています。

後半について言えば、初めに「信《しん》」を、「ねてもさめても」（九行目）からは、「南無阿弥陀佛」を称えることを勧め、そのあと、「これを」（十行目）以下終わりまでが結びの言葉とされています。

では、例のごとく、図示してみます。

五帖目第十七通
- 前段　後生大事
  - 前節　機（女人）
    - 前項　佛心〔信前*〕――それ……あらば(1)～(2)
    - 後項　一心〔信中*〕――なにの……たのまん女人は(2)～(5)
  - 後節　法――女人は……べからず(5)～(6)
- 後段　佛恩報謝〔信後*〕
  - 第一項　信心（相続心）〔信因**〕――かやうに……信じて(7)～(9)
  - 第二項　南无阿弥陀佛〔称報**〕――ねてもさめても……ばかりなり(9)～(10)
  - 第三項　念佛者――これを……なり(10)～(13)

〈解説〉

**前段前節前項**

右のことをさらに敷衍《ふえん》してみましょう。

「佛法をたふとくおもふ心あらば」と、いわば上段の構えで、いきなり始まっているところがこの御文の心憎さですね。佛の教えは一切衆生のため、と言っても、人それぞれに縁が熟すまではどうにもなりません。

無宿善《むしゆくぜん》の機《き》には、法を説くなと教えている御文がありますが、「宿善《しゆくぜん》」の語が当御文に見えないといっても意《こころ》は同じであります。つまり「……心あらば」を、「宿善ある女人は……」と言い換えてもよいでしょう。

たとえば、音楽嫌いの人に音楽を、画《え》に関心のない人に画を教えようとしても、一向その成果が望めないのと同様、佛法に心の向いていない人に信心を勧めるのは如何《いかが》なものでしょうか？

**前段前節後項**

次に、このように、もともと佛法に心の向いた女人が入信《にゆうしん》するためには、「なにのやうもなく」あればよいと、次の第十八通等と同じ言葉が出てきますが、その次通のところで、私の枚挙しております六つの用例の中、①「雑行《ざふぎやう》をふりすてて」、②「一心《いつしん》に後生を御たすけ候へと、ひしとたのまん」の二つが、ここにも見られます。第十八通と、かなり類似の表現、筆法であります。

要するに、前節は信心のとり方を教えたもので、「一心に」なることがその骨子でありましょう。

これに対して、後段の「ふかく信じて」「信心とりたる」の方は、すでに入信した後の命《みょう》終《じゅう》に至るまでの信心、つまり「憶念《おくねん》の信《しん》」、「相続心《そうぞくしん》」であります。

強《し》いて言うなら、前節第一項は信前《しんぜん》、前節第二項は信中《しんちゅう》、後段は信後《しんご》です（もっとも信中という言葉はまだありませんが）。佛法に心のある者を（前節第一項）、入信させて（前節第二項）、その信心をいつまでも失わないようにさせる（後段）、という一貫した教化がこの章に示されているのです。

**前段後節**

有縁の者が入信するという「機」の側を述べた前節に対し、後節は「法」の方《かた》が叙述されています。もっとも、

「女人は……うたがひあるべからず」

の文で動詞を主語「女人」に対する命令と解釈して、女人に向かって、信じて疑ってはならないよ、という風に理解することもできます。そうなると、信心のあり方の問題となっ

て、これもまた「機」の立場を示すことになりましょう。

しかし、往生疑いなし、間違いなく往生するのだ、という客観的な叙述の文と解することもできます。つまり、往生の確実性を強調した文と見るわけです。この場合は、「女人は」が主語ではなく、「往生すべき事」が主語となります。

要するに、「べからず」を「……してはならない」という禁止、命令と見るか、「……するはずがない」という事実の強調と見るかであります。私は、むしろ、後者の、必ず極楽に往生するという断定の強調と考え、「法」の働きが述べられていると解釈します。

**後段第一項**

右に申しましたごとく、ここの「信じて」は四行目の入信の「一心《いっしん》」とは違って、いつまでも失うことのない信心を意味しています。七行目に「ひたすら」の語があるので、明らかに、「ひたすらな願い」であります。これに対し、右の「一心」は「ひとときの願い」と「ひたすらな願い」の両方の意を含んでいます。

**後段第二項**

「……信じて……南无阿弥陀佛……と申《まう》す……」――信因称報《しんいんしようほう》（信心正因《しんじんしよういん》　称名報恩《しようみようほうおん》）の理《り》が見事に示されていますね。信心が先で、称名が後です。信心で往生が定まって、称名は感謝の心で称《とな》えられるのです。

### 後段第三項

「信心とりたる念佛者」と明確に結ばれています。重ねて信因称報の理をあやまたぬよう諭したのでしょう。同時に信心取った念佛者《ねんぶつしゃ》とはっきり確定し、無信称名《むしんしょうみょう》は、当流の教えではないことを強調したものでしょう。

### 〈語釈〉

○後生　今までにもあった言葉ですが、来世《らいせ》、後世《ごせ》とも言います。今の世の命終わって後に生まれ変わる次の生のことです。五帖御文《ごじょうおふみ》には四十二回も現われる大変重要な用語で、しばしば「大事」「一大事」という言葉と連動して用いられていることからみてもそうでしょう。今でも「後生大事《ごしょうだいじ》」と熟語になって使われますし、人に折り入ってものを頼む時「後生だから」と言いますね。

蓮師は御文で、後生を人間にとって最も大事なことという風に説いています。「後生の一大事を心にかけて……」と、一通前の第十六通にあります。

ここで、もう一度、前段前節の第一項、第二項を対比させて見直してみたいと思います。第一節では①「後生を大事」と②「佛法をたふとく」が並び、第二節では③「阿弥陀如来をふかくたのみ」と「雑行④をふりすてて……」が並列させられています。今、私が仮に番号をつけました①を受けて④が、②を受けて③が、導入されていると見ることができます。これを図示しますならば、

①後生を大事→雑行④をふりすてて→後生《(後節)》を御たすけ候へ（機の信）
②佛法をたふとく→阿弥陀如来③を……たのみ（法の信）

という論旨です。右が機の信、左が法の信の教示と思います。

目下のところ、後生に関する右の列について考えたいのですが、「雑行をふりすてて」は、「雑行《ざふぎやう》・雑修《ざふしゆ》、自力《じりき》なんどいふわろき心《こころ》をふりすてて」と五帖目第十五通にもある雑行・雑修・自力の三つを、一応雑行で代表させたものであります。（「雑行」については第十通の前段語釈参照のこと）

雑行を捨てて正行《しようぎやう》に、正行の中でも雑修を捨てて専修《せんじゆ》に、専修の中でも自力の心を捨てて

雑行
正行 ─ 雑修
　　 ─ 専修 ─ 自力
　　　　　　 ─ 他力

よというのが浄土真宗《じょうどしんしゅう》の教えであることは前にも述べましたが、捨象《しゃしょう》に捨象を続けて、最後に他力一筋《たりきひとすじ》に帰すべしとの教えです。

右のように図示してみました。これを、単に佛道修行《しゅぎょう》上の問題だと取ってはなりません。これは実に人生全般の問題です。私たちは一生の間、一途《いちず》に幸福を求めて、悪戦苦闘を重ねます。しかし、私たちは実際に私たち自身の幸福に向かって歩んでいるでしょうか？　着実に幸福に近づいているでしょうか？　その点をよく考えてみなければならないと思います。幸福になるために私たちはいろいろなものが必要だと思います。健康とか、財産とか、社会的地位とか、友人とか、恋人とか、配偶者、子供、家、教養……考えていくとどこまでもきりがありません。こういう幸福の要因を揃えるのは、しかしながら、容易なことではありませんね。その中の一つを得ると、一つを失うということになったり、いくら努力してもどうしても得られないものがあったりというようなことばかり人生では起こるものです。あるいは、たとえば、産を成そうとしたら、かえって借財を作ってしまうとか、幸福を求めて、実は不幸を得たという事態も起こり得ます。

幸運を夢見るというのは、つまりは自分の救われる道を探し求めることですね。しかし、そのために、人間が実際にすることと言ったら、それは財産を作ったり、子供を儲《もう》けたり、いつも自分以外のものを手に入れる努力ばかりではないでしょうか？　自分の中で解決しないことを、自分の外に転嫁しようとしているように思われます。雑行・雑修というのは、実はそのことを意味していると私は考えるのです。私たちは、青い鳥が自分の家の中にいるのを忘れて、いろいろな国を訪れて廻るチルチル、ミチルに似ていないでしょうか？　幸福を追いかけているつもりで、実は不幸を追い続けていはしないでしょうか？　地位、名誉、財産といったような、いわば外のものを求めるのを止めて、本当の自分に復《かえ》ることができたら……と思いませんか？

自分の救《すく》いになるように見えて、実はそうでない、夾雑物《きょうざつぶつ》というか、そういう物をどんどん切り捨てていく過程が、先ほど申しました正行↓専修↓他力となるわけで、それは自分以外のものを取り除けた後に残った内奥の芯《しん》みたいなもの、つまり純粋の自分自身であります。では、何故それを「他力」と言うのか？　矛盾しているではないかと思われるでしょう。確かにそのとおりですが、その一見矛盾と見えるところに、御文の世界の不思議があります。人間は自分にこだわると自分を失い、自分を捨てる時、かえって自分を取り戻すものではないでしょうか。

次に、私は第十八通で、雑行を捨てるのを「法の信」の方の範疇《はんちゅう》に含めていますが、今回はこれを「機の信」に入れました。これも矛盾しているにちがいありません。ただ第十八通では、雑行を捨てることを、他力の謂《いわ》れを知る方と連関して考えましたのに対し、本通ではこのことが、後生の救いに気づくことに通じると考えたために、このように変わってきたのです。信仰に心が向く時、自分自身に目覚めると共に、佛の救いにも気づくという、機法一《きほういっ》体《たい》の世界が開かれるからです。

さて、自分自身に目覚めることを、「後生助かる」と表現するのはどういうことでしょう。死んでから後のことなど分からないではないか？と皆さんお思いになるでしょう。もちろん私にも分かるわけはありません。ただ、私にとって、後生とは、この世よりもっと広く大きい世界という気がします。この世は浮《う》き世《よ》と言われているように、仮《かり》の世《よ》と私は思います。それに対し、本当の世界とでも言うべきものを「後生」とか「極楽浄土」とか、人は呼ぶのではありますまいか。死んでから後に現われる世界というよりも、この世も包み込む大きな広がりという気が私はするのです。

現に、我々はただ事実の連続だけでは満足しないでしょう？　現実世界だけが我々のすべてであるなら、それから見れば明らかに嘘である小説をどうして我々は耽読《たんどく》するのでしょう？　同じように虚構である劇や映画を何故喜んで見に行くのでしょうか？　音楽だって、美術だって、みな現実の世界とはかけ離れたものではありませんか？　文学や芸術を我々が愛するのは、この現象世界の外に真実を認めるからでしょう。信仰の世界もやはり同じことです。この娑婆《しゃば》より広いところに、真実を感得するのです。そこにほんとうに「大事」なものがあるのです。それが「後生」であり、本来の自分自身であるにちがいありません。

〈讃嘆《さんだん》〉

次の第十八通目で、信心の問題を演劇の世界に比較して述べますが、後生の救いに至るには、なんのこだわりもあってはならぬ、「なにのやうもなく」あるべきことがこの章でも強調されているわけであります。こだわりを捨てて、自然で、すなおな心を持たねばならぬと、読めば読むほど、この章においても痛感させられます。

全文を通じてこのことは諄《じゅん》々《じゅん》と説かれており、それは波が浜に寄せかけるごとく、快いリズムを成しています。「おもひ……おもふ」と冒頭から、佛法への手放しの恭敬心《くぎょうしん》で始まり、次で「なにのやうもなく」（二行目）と続き、「ありがたさ……たふとさよ」（八行目）と礼讃の気持ちが一貫しているでしょう。ただ陶然たる法悦《ほうえつ》の境地であります。

しかし、こういうなんの様もない無造作さというものは、無意識というのとは、全然違ったものです。信心には、一見それと正反対と思われるような明確な意識が必要です。第十八通の所で比較に挙げます演劇の例のごとく、俳優が舞台の上で、さり気なく芝居するためには、平生血の滲《にじ》むような修行を積まねばなりません。自分に振り当てられた役がどういう人物であるか、確実に意識していないと演技はできないのです。

第十七通には、こういうわけで、信心を意識するべきことも反復強調されています。真っ先に「後生を大事に」と書かれています。これははっきりと意識しなければならぬことです。そして、この言葉が本通のテーマ、標題でもあります。「ふかくたのみ」（三行目）、「ふかく信じて」(九行目)の「ふかく」は意識を強く持たなければいけないということです。さらに、「雑行をふりすてて」(三行目)、「ひしとたのまん」(四行目)、「ひたすら……信じて」(七行目)と、繰り返し、明確な意識が求められ、「ねてもさめても」念佛することが、最後に勧められて、意識の持続・反復を強調しています。

話が少し逸《そ》れるかも知れませんが、今日の日本語では、単に、意識「する」としか言いません。フランス語には、意識を「取る」こと、(プリーズ　ドゥ　コンシアンス)という言葉があります。「する」ではなく、「取る」なのです。強いて訳そうとすれば、「意識づけ」とでもするより外ないでしょう。信心の問題では――芸術等についても同じことが言えそうですが――「意識を取る」と言った方が適切に思われます。「意識する」だけでは物足りない気がします。この点、「おもひとりて」(七行目)という言葉は誠に言い得た感じですね。

こうして、本通は一貫して、無造作な様子と、意識を表わす用語が、いわば千鳥《ちどり》模様になって、信心の歌を織り上げています。以上は、機の信の側から見てきました。しかし、法の方《かた》からも同じことが言えると思います。

「往生……うたがひあるべからず」(五行目)には如来の側の決然たる御約束が窺《うかが》われるのに対し、「やすく御たすけ」(八行目)にはいかにも無造作な様子が見られるのです。右の言葉を書き出してみましょう。

無造作

おもひ……おもふ（一行目）
なにのやうもなく（二行目）
ありがたさ……たふとさよ（八行目）
やすく（七行目）

機　　法

後生を大事に（一行目）
ふかくたのみ（三行目）
ふりすて（三行目）
ひしとたのまん（四行目）
おもひとりて（七行目）
ひたすら……ふかく信じて（七〜九行目）
ねてもさめても（九行目）
うたがひあるべからず（五行目）

意　識

# 五帖目第十八通　当流聖人の章

当流聖人《たうりうしやうにん》のすすめまします安心《あんじん》といふは、なにのやうもなく、まづ、我身《わがみ》のあさましきつみのふかきことをばうちすてて、もろもろの雑行《ざふぎやう》・雑修《ざふしゆ》のこころをさしおきて、一心《いつしん》に、阿弥陀《あみだ》如来《によらい》後生《ごしやう》たすけたまへと、一念《いちねん》にふかくたのみたてまつらんものをば、たとへば、十人《じふにん》は十《じふ》人《にん》、百人《ひやくにん》は百人《ひやくにん》ながら、みなもらさずたすけたまふべし。これ、さらにうたがふべからざるものなり。かやうによくこころえたる人《ひと》を、信心《しんじん》の行者《ぎやうじや》といふなり。

さて、このうへには、なほ我身《わがみ》の後生《ごしやう》のたすからんことのうれしさをおもひいださんときは、ねてもさめても、南无阿弥陀佛《なむあみだぶち》、南无阿弥陀佛《なむあみだぶち》ととなふべきものなり。あなかしこ、あなかしこ。

〈現代語訳〉

我々の流儀の浄土真宗《じようどしんしゆう》の教えをお開きになった親鸞聖人《しんらんしようにん》のお勧めになる安心《あんじん》というのは、第一に、自分が浅ましい、罪の深い者であるというこだわりをきれいさっぱりと捨ててしまい、次に、雑行《ぞうぎょう》・雑修《ざっしゅ》のさまざまな修行《しゅぎょう》をしようなどというよけいな考えは起こさないで、ごくすなおに、一所懸命、後生《ごしょう》をお助けくださいと、阿弥陀如来《あみだにょらい》を深くお頼り申し上げるひとときの惟《おも》いを言うのです。

たとえそういう人が十人いても十人とも、百人いても百人とも、如来は皆一人もらさずお助けになるのです。

このことを決して疑ってはなりません。このようによく心得た人を、信心《しんじん》の行者《ぎょうじゃ》というのです。

さて、それより後は、重ねて、自分の後生が助かるということを嬉しく思い、嬉しく思うならば、寝ても覚《さ》めても、南無阿弥陀佛《あむあみだぶつ》、南無阿弥陀佛と称えるべきであります。

〈由来〉

「当流聖人のすすめまします……」と文の始まっていることから、『御文章来意鈔《ごぶんしょうらいいしょう》』などは、この御文《おふみ》を「当流聖人の章」と名づけ、来意を左のごとく紹介しています。

まだ本願寺《ほんがんじ》が東山《ひがしやま》にあった頃、蓮如上人《れんにょしょうにん》は湖南の各地を巡化《じゅんげ》していましたが、ある時、堅田《かただ》で病気になったところ、運よく、当代の名医、吉益半笑《よしますはんしょう》なる人がその地に居合わせ、薬を調合して上人の病を癒《なお》してくれた。

それ以来、二人はたいへん昵懇《じっこん》の間柄となり、半笑は東山の本願寺にも頻繁に訪れたので、蓮師《れんし》は何度も法義《ほうぎ》の物語をした。けれども、この医師には一向《いっこう》佛心がなく、ただそれを聞き流すばかりであった。

東山大谷《おおたに》はその後破却され、上人は吉崎《よしざき》へ下向《げこう》したが、その間、六、七年の間をおいて両人は久方ぶりに河内出口《かわちでぐち》（現在、枚方市《ひらかたし》）の光善寺《こうぜんじ》で再会したところ、半笑がことのほか老《ふ》けた模様であったので、上人が訝《いぶか》ると、半笑は、近年、両親を亡くした上に、二人の子供にも先立たれ、悲しみのあまり、急に老け込みましたと答えた。

蓮師は、急に、「貴殿の調合してくださった薬を飲まないで病気を癒す方法はあるまいか？」と質問した。半笑があっけにとられていると、重ねて、「拙僧も貴殿に薬を調合して進ぜたが、服用されないから、全快なさらないのだ」と言った。

この名医はいよいよあきれて、「私は病気でもなければ、上人から薬を頂戴したこともありません」と答えると、上人は、「病気には色法《しきほう》と心法《しんぽう》の二種類があり、前者は形の病で、医師が治療するものであるが、後者は正教《しょうぎょう》によってのみ療治されるいわゆる心の病である。拙僧は貴殿に、かねがね聖人一流の教えをお伝えしたが、一向お聞きになる様子はなかった。拙僧の調合する薬とはこのことである」と明かした。

以前とは異なり、身内を四人も失って悲嘆に暮れていた半笑は、ここに初めて感ずるところあり、「命《いのち》ほど法《のり》のたからはなかりけり存《ながら》へてこそ実《まこと》をばきけ」と一首を詠むと共に、ぜひ御教化《ごきょうけ》のお薬として「御文」を賜りたいとお願いした。

そこで、上人は快く筆を執って、この一文を書いて、半笑に与えたというのです。もっともこういう来意の史実を証明するものが、とくにあるわけではありません。

では、原典を読んでみましょう。

**〈段落〉**

本章は「安心」と「報謝《ほうしゃ》」の二段に分かれています。初めが安心で、「さて、このうへには……」から後が、安心を得た嬉しさの「南無阿弥陀佛」を称える報謝の心を説いた部分であります。図示してみましょう。

五帖目第十八通
- 安心　前段
  - 一念の信　第一節
    - 機の信　前項
    - 法の信　後項 ― もろもろの雑行・雑修……(3)
  - 摂取不捨　第二節 ― たとへば、十人は……(5)
  - 結び　第三節 ― これ、さらに……(7)
- 報謝　後段 ― さて、このうへには……(9)

初段の方は、一念《いちねん》の信《しん》を説く第一節と、「たとへば、十人は……」以下の摂取不捨《せっしゅふしゃ》に関する第二節と、「これ、さらに……」からの結びの第三節とに細分して考えることができます。そして、その第一節を、さらに「もろもろの雑行・雑修……」以後と、それ以前とに二分し、初めが「機《き》の信《しん》」、後が「法《ほう》の信《しん》」の表わされたものと考えることができます。

〈語釈〉

取り立てて説明を要する言葉はもうないようです。すでに今までに大略解説いたしました。すなわち、「信心・安心」「雑行・雑修」「一心」については第十通のところで、「一念」「たとへば」は第十三通で、「たのむ」は第十四通で、それぞれお話ししています。ただ一つ、「なにのやうもなく」という言葉に注意したいと思います。単語としての意味というより、この語の、文章全般に与える重要性を認めるべきだという気がします。一見なんでもないような言葉ですが、ある意味で、蓮師の教説《きょうせつ》を理解するカギとも言えるほど、不思議な響きを、この八字は持っています。

［前段第一節］

ここでは「なにのやうもなく」という副詞句が、以下の三つの句に全部かかっていると見るべきでしょう。その点に注目してください。

つまり、

やうもなく ┬ つみのふかきことをばうちすてて
　　　　　 ├ 雑行・雑修のこころをさしおきて
　　　　　 └ 一心に、阿弥陀如来後生たすけたまへ

と、繋がっているわけです。

さて、この、「なにのやうもなく」について、五帖《ごじょう》御《お》文《ふみ》全体を通じて、私は、一応、六種類の用法を認め得ると思います。

①我が身は罪深い身であると思うこと
②我が身の罪の深いことをうち捨てること
③他力の信心といういわれをよく知ること
④雑行・雑修の心を捨てること
⑤弥陀《みだ》をよく信ずる心の定まること、阿弥陀如来を一心一向に恃《たの》むこと
⑥浄土《じょうど》に往生するとはたやすく信じられること

というように、浄土真宗の要義《ようぎ》はいとも易しいと説かれるにあたって、用いられています。

そこで、当時十八通の最初の、「つみのふかきことをばうちすてて」は右の②の場合、次の「雑行・雑修のこころをさしおきて」は④の例、最後の「一心に、阿弥陀如来後生たすけ

たまへ」は⑤の例にあたります。

ここで、「我身の……つみのふかき……」は「機の信」を表わしたもの、「雑行・雑修のこころ……」は「法の信」を述べたものと言われます。

自分が罪深い者であることを「うちすてて」、うっちゃっておいて――つまり気にかけないで、罪の深いことが気にかからなくなって――さらに言い換えるなら、自分はこのままでよいのだと、自分自身に安心することですから、結局は、自分自身、すなわち「機」を信じたことになります。

他方、「雑行・雑修……」は、五帖目第十五通に「もろもろの雑行・雑修、自力《じりき》なんどいふわろき心をふりすてて……」とあるように、まず「雑行」を捨てて、「正行《しょうぎょう》」のみとし、その正行の中でも「雑修」を捨てて、「専修念佛《せんじゅねんぶつ》」に心を定め、さらに専修念佛であっても、自力という悪い心は捨てて、他力《たりき》の念佛を信ずるという、弥陀《みだ》一佛《いちぶつ》のお助けに心のきまるべきことを勧めたものです。佛、つまり「法」を信じたことであります。

このように、「機」についても、「法」についても、「やうもなく」信ずればよいと並べて書かれたのは、五帖八十通の中で、確かここだけだと思います。

「やうもなく」について右の六通りの用例をこの観点から、整理して考えてみます。

「なにのやうもなく、わが身はあさましきつみふかき身ぞとおもひて」と、二帖目第八通に見える文などを、私は一応第①項としましたが、これは本章の文と一見矛盾するような内容ですが、やはり機についての言葉です。このことについてはまたのちほど述べたいと思います。

次に、「なにのやうもなく、他力の信心といふいはれをよくしりたらんひとは」と三帖目第二通にあるのなどを、第③項にまとめました。法の由って来たるところをよく理解するというので、法を信じたのであります。他力の信心がよく分かったので、雑行・雑修を捨てる気持ちになるのですが、雑行・雑修を捨てて、弥陀を信ずる心が定まる（三帖目第三通）という論旨でもあります。この両者の前後関係はいずれともきめかねます。

こうして、機の信、法の信が定まって、「阿弥陀如来」に「たすけたまへ」とお任せする心になります。私はこれを一応、⑤にまとめて例を引きました。もっとものことも、法の信の問題であるとしてもよいでしょう。

そして、最後に、

「浄土に往生することのあらやうもいらぬ、とりやすの安心や」

と二帖目第七通に見える文章は、一体なんと解釈すべきでしょうか？　機の信、法の信、など、いかにもややこしく、難しく思われるのですが、蓮如上人はそれを、やさしいと言うのです。これも、以下、続いて考えたいところですが、ともかく、⑥と番号をつけましたこの点が、「やうもなく」理論の結論、結びの言葉になっていると私は思います。

右に申しましたことを、図示してみましょう。

（機の信）①罪深き身――②罪をうち捨て ⎫ ⑤助け給え――⑥易しい
（法の信）③他力の謂れ――④雑行を捨て ⎭ 一心一向

「とりやすの安心」、つまり「安心を得ることは易《やさ》しい」というのが、一切の説法《せっぽう》の結論のようだと前に申しましたが、「やうもなく」は「さり気なく」とほとんど同義語と考えられますので、それ自体、「易しい」という意味を含んでいると言えましょう。あれやこれやとさまざまに思案してみたり、取《と》り繕《つくろ》ったりするのでなく、さらっと、何気なく、造作《ぞうさ》なくするのはいかにも易しいことではありませんか？

このあたり、誠に繊細というか機微《きび》そのものの教養の妙と言えるかと存じます。手っ取り早く言うなら、さり気なくあることは、はたして易しいことでしょうか？

これについて、例えば、演劇の世界に比較して考えてみていただきたいと思います。近代現実主義《レアリスム》、実証主義《ラシオナリスム》の洗礼を受けた演劇では、現実の社会をそのまま舞台に再現することを標榜《ひょうぼう》しています。舞台が一つの部屋を表現している場合、その四方の壁の一面を取り払った形になっていて、その面というのが観客席に向かった方角だという風に考えます。ですから、現実に、家の中でも、町通りでも、我々が生活しているように、そのまま、舞台の上で振る舞えばよい訳です。これは演劇のみならず、映画とか、テレビ、ビデオでも同じことです。一見、なんでもないことのようです。ところが、実際はどうでしょうか？　舞台の上やカメラの前に立つと、たいていの人は上《あ》がってしまいます。いくら「自然に」「ありのままに」とか「平生あなたがしゃべっているようにお話しなさい」などと言われても、手足がこわばったり声が上《うわ》ずったりしてしまうものです。たとえそんなに上がらないにしても、舞台の上を歩いたり、卓上の物を手に取ったりするのに、普段のようにはいかず、手や足がロボットのような機械的な動き方をするものです。台詞《せりふ》を言うにも、友人に話しかけているような自然の言葉にはなかなかならず、本を朗読する口調《くちょう》になってしまいます。

演劇では、ですから、自然のままであることに大変苦心します。俳優の修行は、すべてこれを習得することにあると言っても過言ではないでしょう。極言するなら、「何のようもなく」あることに演劇の成否がかかっているし、俳優はそのために一生をかけるのです。そのためにいろんな訓練をします。体の各部分、例えば先ず右手の親指、次に人差し指という風にきめて、順番にその部分部分に全神経を集中できるように練習するとか、椅子に腰掛けていて体中の緊張をなくしていく稽古をするとか、さまざまな方法が工夫されていますが、結局は「何のようもなく」あるための努力だと思うのです。フランス演劇などでも、デコントラクシオン（楽《らく》にすること、弛緩《しかん》）が俳優の勉強として特に強調されています。

これらは、はたして、易しいことでしょうか？　とんでもない！　これほど難しいことが世の中にありましょうか。演劇だけの問題ではないと思います。音楽、文学などについても、同じことが考えられますまいか。あるいは、武道、スポーツでも、こういう心がけは必要ではないでしょうか？

固くならないで、楽にする——には、言うまでもなく、物事にこだわりがあってはできないことです。これは演劇にのみ関することではなく、あるいは人生そのものの問題かも知れません。平生、我々は常に何か心に思うところがあるでしょう。それがよいことばかりなら結構ですが、将来に心配事を抱えていたり、不快な目に遭ってそれにいつまでも腹が立ったり、あるいはお金や名誉を欲しいと思ったり、その他さまざまです。こういうことが心の中にあると、当然のことながら、我々は楽な気持ちにはなれません。

ゆったりと、のびのび楽になるには、つまりは心の中が空《から》になっていなければならないということになりはしますまいか？　何故舞台の上では日常生活と同じようにふるまえないかと言えば、観衆の目が自分に集中しているという意識が働くからで、ひいては、へまをしてはいけないと神経が緊張して、体がこちこちになるからでしょう。ところが、普段の生活ですと、別に神経を緊張させる必要はないし、体も楽なデコントラクシオンの状態にあって、どんな行動ものびのびと自然にできるわけです。

つまり、さり気なく「何のようもなく」やすやすと事が行えるのです。心が空になっているからでしょう。

## 法の信

「雑行・雑修」というのは、佛道修行上のことで世俗の法とは一応違いますけれども、欲望や腹立《はらだ》ちや心配事などと、ある種の共通点がないとは申せません。というのは、そういうことで心が一ぱいになっているという状態においては、雑行・雑修も俗世のさまざまな心配事や欲望も変わりがないからです。雑行・雑修で、いくつもの修行をしていれば、どれかうまく行くだろうと考えるのは、少々軽率といえないでしょうか？　かえってあれもこれもといろいろな修行を背負い込んで身動きが取れないことになってしまう危険がありますまいか。そこで、「雑行・雑修のこころをすて」ることによって、「なにのやうもな」い境地に達する方がよいのではないでしょうか。

このように心が空《むな》しくなって初めて法の世界が開けて来るので、「なにのやうもなく、他力の信心といふいはれをよくし」る、つまり、法を聞く心が生まれるのです。雑行・雑修にしても、俗世のさまざまの欲望にしても、そういうことで心が一ぱいになっているかぎり、佛法《ぶっぽう》には心が向きません。

そこで、先に、俳優修行の話を致しましたが、体の一部分、指なら指に全神経を集中する稽古をするというのは、完全なデコントラクシオンを得るためです。一箇所が緊張することによって、他のすべての部分に弛緩が齎《もたら》されるということです。

ですから、「他力の信心といふことをひとつ決定す」る（三帖目第三通）ことが肝心なのです。すべてを弛緩させるためには、なにか一点に集中しなければならないのであり、逆に一点に集中しようとすれば、他は弛緩していなければならぬ道理です。つまり、他力のいわれを知る③と、雑行を捨てる④は、いわば相関関係にあり、どちらを先とも後ともいえないと申したのです。

以上、法の信が「やうもなく」なければならぬわけです。

先ほどの図をもう一度頭に浮かべてみてください。

(機の信) ①罪深き身——②罪をうち捨て
(法の信) ③他力の謂れ——④雑行を捨て ｝ ⑤助け給え 一心一向——⑥易しい

## 機の信

次に、「なにのやうもなく、わが身はあさましきつみふかき身ぞとおもひて……」と二帖目第八通などにあることについてですが、平生我々が、我々自身の煩悩《ぼんのう》によって苦しめられているのは、いつも自分のことを棚に上げているからだと思います。我々の身辺にはつねに不平不満の種が絶えないものですが、これは我々が何事に対しても、いつも自分自身の欲望を通じて見るからではないでしょうか？　客観的に冷静な立場を取るということはなかなかできないもので、どこかに自分の主観が入り、また、自分は正しいという思いが、必ず心の隅にひそんでいるでしょう。しかし、本当はそうではなくて、自分は罪深い者であること、自分は正しい者ではなくて、始終過《あやま》ちを犯す者であることに気づくのが佛法に触れる初めです。

　自分を罪深いと識るのは、つねに我《が》を通そうとすることの間違いに気づくことであり、それまで心の中を占領していた我がなくなって、やはり、一種、心が空になったことを示していると思います。また、見方を別にするなら、それまで気負い立って、我の正しさを立証しようと、こちこちになっていたのが、その思いが融けて、弛緩、つまり先ほどから申しておりますデコントラクシオンができたことを意味しています。あるいはまた、罪ということに関心が集中することによって、他のさまざまな感情、例えば、思いどおりにならないとか、不当な扱いを受けたというようなことに対する怒り、金を儲けたいという欲望、病気になって、なかなか癒らないのではないかという心配等、それぞれに張りつめた気持ちから解放されて、自由に、楽《らく》になったと考えることもできます。

　罪の自覚は、したがって、大きな負担のようですが、一面、心の解放でもありましょう。蓮如上人も御文の中で、「改悔《がいけ》懺悔《さんげ》」ということを繰り返し勧めていますが、自分の心の過《あやま》ちを、あますところなく打ち明けて、罪を悔いることが、信心に入るためには不可欠です。懺悔するには、初めよほどの決心が必要であり、自分の罪を認めるのですから、それは至って不愉快で、つらいことであります。しかし、一旦懺悔してしまうと、後はなんとすがしい気分になることでしょうか。信仰上の問題でなくとも、このような体験はおありでしょう。それは、あたかも、雨雲が低く垂れ、空気が湿気を含んで重苦しい天候であったところ、にわかに夕立が沛然《はいぜん》と降り注いで、数刻の後、からりと空が霽《は》れ上がって、雲の切れ目に青空が見え始める、あの夏の一時《ひととき》のようではありませんか。

「わが身は極悪深重《ごくあくじんぢゅう》のあさましきもの」（二帖目第九通）などと感ずることは、いかにも重苦しく、やり切れないことのようだけれども、一度《ひとたび》改悔懺悔した後の解放感は、それを補ってあまりあるものです。我々は罪を悔いることによって、心がすっかり楽になります。つまり弛緩、デコントラクシオンを得るのです。憤慨や気負いや欲望や気懸かり等、さまざまの我《が》のコントラクシオンが、懺悔によって、すべて解きほぐれたのです。

　けれども、世の中のことも、自分自身の心の中のことも、決して簡単な図式で作られているものとは言い切れません。夕立のことを、右に譬《たと》えに引き出しましたが、雲が空をおおったからといって、雨が来るとは限りません。そのように、自分自身の罪を知って、それを懺悔して、それですっかり心の問題が解決する場合もあり、また解決し切らない場合もあり得ます。

　罪の思いが、いつまでも心の中にわだかまりを残し、懺悔するだけでなく、例えば神佛に祈るとか、なにか奉仕活動に打ち込むとか、遠くへ旅に出るとか、さまざまの試みをしても、どうしても払拭《ふっしょく》できない人も場合もあるでしょう。

仮に第①の文例といたしました、「わが身は……つみふかき身」というのと、第②の、本章の場合などの「つみのふかきことをばうちすて」とは一見矛盾するようですが、それは、人それぞれの縁《えん》（場合）と機《き》（人柄）を慮《おもんぱか》らなければならないからです。

ですから、一旦は、自分はなんという罪業《ざいごう》の深い者であろうかと思い詰めることはあっても、やがてその罪業のことを、さっぱりと「うちすてて」しまう心境に到達すべきです。

では、そんなにまで思い詰めた罪業の深さを、どうしてきれいに心の中から放り出してしまえるのかといえば、それは他力の不可思議の力によるのです。それが私の図示しました、①―②―⑤の筋道になります。

言い換えるなら、我《が》のために惹《ひ》き起こされたコントラクシオン（収縮、緊張）が、罪という一点に集中することによって、懺悔というデコントラクシオン（弛緩）に到達することができ、また罪の思いでコントラクシオンが惹き起こされたのが「阿弥陀如来を一心一向に（集中して）たのみたてまつ」る中に、かえって心が解放されて、デコントラクシオンを得るのです。

このようにして信心に入ってみれば、「浄土に往生することの、あらやうもいらぬ、とりやすの安心《あんじん》や」（二帖目第七通）という、誠に「なにのやうも」いらぬ、特になんということもない易《やさ》しいことであったと気づく（⑥）境地に達するのです。

［前段第二節・第三節］

「一心」と「一念」

次に、「一心《いっしん》」「一念《いちねん》」についても、すでに申しましたように、第十通、および第十三通のところで解説いたしました。しかし、この二つの言葉は意味がどう違うのかということですが、ときには同義語として使われています。ここでは、初めの一心の方は、「一心一向に」というのと同じで、「ひたすらな思い」を意味しています。第十三通の「一念」のところで引用しました親鸞聖人の、「一念と言ふは、信心に二心なきが故に一念と曰《い》ふ。是《これ》を一心と名《な》づく」（『教行信証』「信巻」）の言葉のごとく、その意味で、「一念」と同意義です。

後の「一念にふかくたのみ」の方は、信心の最初のとき、一度《ひとたび》信ずれば、ということで、「ひとときの思い」を意味しています。

そういうわけで、第一節は、全体として、「一念の信」を勧めたものです。その一念の信には、「ひたすらな思い」も「ひとときの思い」も、両方が含められています。この信心とは、阿弥陀如来のお「たすけ」ただ一つに集約されたものです。さきほどから繰り返し申しておりますごとく、この一事に「集中」されたものでなければなりません。そのためには、罪も「うちすて」、雑行・雑修も「さしお」いて、つまり一切のことが捨象《しゃしょう》されてしまうことが肝要です。

これに対して、第二節がまったく対照的であるのにお気づきでしょう。

「十人は十人、百人は百人ながら、みな……」

我々衆生の側からは、すべてを捨てて、ただ弥陀《みだ》一佛《いちぶつ》に帰するべきですが、阿弥陀如来の方は、十人でも、百人でも、一人残らず、捨てることなく「たすけたま」うのです。

なんとなく不当であるような感がないでもありませんが、世の中の真理というものは、こういうところにあるのではないかと思います。

『空善記』

佛法には捨身《しゃしん》の行をするが本なれば、たれに恩にきせはせねども、身をすてて聖人の御流をすすめまします、とおもひ入《いり》て信ずる人なし、と御述懐を仰《おほせ》ありけり。わが御身ほど身をすてて、佛法すすめたるはなきなり、と仰候き。

蓮如上人の言葉として『空善記《くうぜんき》』に右のような文が見えますが、上人は事実捨て身になって、一生を衆生教化《しゅじょうきょうけ》に尽くしたのでした。京都の東山大谷の本願寺を叡山《えいざん》の僧徒に破却された後は、各地を転々として布教に努め、決して旧佛教と妥協して、大谷の地に帰って安住を求めようとはしませんでしたし、数年後には、住み慣れた畿内をあっさり後にして北陸の吉崎に御坊《ごぼう》を建立《こんりゅう》して、一層教化に励みました。しかし、北陸に戦火が及ぶと、せっかく建てた御坊も、そのまま後に残して、ふたたび畿内へ戻ってきます。

この間、法敵の追跡を受けて、生命の危険を冒したことも、数知れずありました。何事も浄土真宗の御法《みのり》を弘めるためには、捨てて省みることはなかったのです。もし旧佛教や守護大名の諸勢力と適当に和解協調することを考えていたら、それほどの危険もなく、安穏な一生を過ごすこともできたでありましょう。しかし、このように捨て身になって布教した結果はどうだったでしょう。日本国中から人々が我も我もと上人の徳を慕って詰めかけ、みな浄土真宗の信者となったのです。十人、百人どころか、何十万という人が上人のお弟子となったのです。

何事も捨てて弥陀一佛に帰するという教えが、何人《なんぴと》たりとも救わずにおかぬ阿弥陀如来のお心であることを、蓮師の一代、身をもって示したのです。

第一節と第二節のこの対照的な内容を、私はこのように領解《りょうげ》すべきかと思います。第一節には機の信と法の信が説かれていると申しました。しかし、その全体を通じて、信心に至る機の立場を述べたものです。それに対して、第二節は「みなもらさずたすけたまふ」法の立場が書かれています。そして、このように機の立場、法の立場を「よくこころえ」るところに信心の行があるとの第三節で、前段全体が締め括られているのです。

また、前段全体を通じて、我々衆生の信心に至る段階が、それとなく暗示されているようにも、私には感じられます。それというのが、鍵となる言葉が文章の中に配置されているからです。すなわち、なにのやうもなく（一行目）——一心に（四行目）——たのみ（五行目）——うたがふ（心のない人を）（七行目）——信心の行者といふ（八行目）——このように、快いリズムをなして、前段の文が綴られています。五帖御文の行数は、古来一様にされてきましたが、その定本においては、今、右にあげました鍵語《キーワード》が、一行置きに配置されていることに御注目ください。偶然かも知れませんが、不思議な構成です。

後段は、最初に申しましたように、信心を得られた後の、報謝の喜びの念佛《ねんぶつ》を勧められたものであります。

# 五帖目第十九通　末代悪人の章

それ、末代《まちだい》の悪人《あくにん》・女人《によにん》たらん輩《ともがら》は、みなみな心《こころ》を一《ひとつ》にして阿弥陀佛《あみだぶち》をふかくたのみたてまつるべし。そのほかには、いづれの法《ほふ》を信《しん》ずといふとも、後生《ごしやう》のたすかるといふ事《こと》、ゆめゆめあるべからず。しかれば、阿弥陀如来《あみだにょらい》をばなにとやうにたのみ、後生《ごしやう》をばねがふべきぞといふに、なにのわづらひもなく、ただ一心《いっしん》に阿弥陀如来《あみだにょらい》をひしとたのみ、後生《ごしやう》たすけたまへとふかくたのみ申《まう》さん人《ひと》をば、かならず御《おん》たすけあるべき事《こと》、さらさらうたがひあるべからざるものなり。あなかしこ、あなかしこ。

〈現代語訳〉

像法《ぞうぼう》時、末法《まっぽう》時に生まれた、どんな悪人たち、女人たちでも、皆、脇目もふらず、心から、阿弥陀佛《あみだぶつ》をお頼りすべきです。他のどんな教えを信じたからといって、ゆめゆめ後生《ごしょう》が助かるということはありません。

それなら、どんな風に、阿弥陀如来《あみだにょらい》にお頼りし、どんな風に後生が助かるように願ったら

よいかと言いますと、
　別に何もくよくよすることなく、ただ一心に、しっかりと、阿弥陀如来を頼りにし、後生をお助けくださるものと、どこまでも当てにすればよいのです。そういう人を、如来はきっとお助けくださるのです。一切疑ってはなりません。

〈由来〉

やはり、文章の始まりの言葉を取って、「末代悪人の章」と呼ばれる御文《おふみ》であります。『御文章来意鈔《ごぶんしようらいいしよう》』には、この御文の由来について、次のように記しています。
　蓮如上人《れんによしようにん》が、まだ東山《ひがしやま》の大谷《おおたに》にあった頃、越前細呂宜《えちぜんほそろぎ》郷（現在、福井県金津町）や加賀《かが》「河北《かはきた》」（石川県河北《かほく》郡か）の者五、六人が、ふと参詣《さんけい》したのを、呼び止めて招じ入れ、当時は継職間もない、諸事不如意《ふによい》の頃であったが、お酒など出して接待し、四方山《よもやま》の話をする中《うち》、自然と佛法《ぶつぽう》の物語となり、一行は皆、蓮師《れんし》の徳に触れて、信仰の心が芽生えた。彼等は、しかしながら、このありがたいお話を、故郷の親兄弟にどうやって語り伝えたものかと思案に暮れているので、上人は即座に筆を執って、この一通を認めた。その中の一人で、後にお弟子となって、本向坊《ほんこうぼう》と名乗る吉崎《よしざき》の者が、昨夜不思議な夢を見たと語り出した。
　彼が連《つれ》の者たちと船で大河を渡ろうとした時、彼の親類や友人が数十人、盗賊に追われて来て、同じ船に乗ろうとしたところ、乗船券がないと乗せられないと船頭に断られた。すると、そこへ、一人の貴僧がどこからともなく現われて、乗船券を一同に配ってくれたので、彼等は本向坊と一緒の舟に乗って、無事に河を渡ることができたと思ったら夢から醒めた、というのである。今、思い出してみると、夢の中の貴僧は、御対面くださった蓮師とそっくりの尊容であった。すると、この御文は、彼の故郷の親類縁者が、生死の大河を渡り、煩悩《ぼんのう》の賊害を逃れ、弥陀《みだ》の浄土《じょうど》に至る乗船券なのだと分かりましたと言って、大喜びで御礼を申して、帰路についた。

数年後、蓮如上人は越前吉崎へ下向《げこう》したが、当時その地には、この御文を書写して、所持していた者が多かった。右の物語は、有名な赤尾《あかお》（越中五箇山）の道宗《どうしゅう》が残したものである。

ところで、五帖御文《ごじょうおふみ》の四帖目第十通は、本通とほとんど同文であります。ただ、前者には、佛恩報謝《ぶっとんほうしゃ》を勧める文が、三行半、末尾に添えられている点だけが異なっています。これが加筆されたものか、逆に削除されたものか、分かりませんが、いずれにせよ、どちらかが後で写されたものにちがいありません。

四帖目第十通の終わりには「八十三歳」とあり、蓮師がこの年になったのは明応《めいおう》六年（一四九七）です。概《おおむ》ね一年間を通じて、蓮師生涯最後の大業と言うべき大坂御坊《ごぼう》の建立《こんりゅう》が行われています。

一方、『来意鈔』の記載ですと、本通は寛正《かんしょう》三年（一四六二）上人四十八歳の時に書かれたとされています。両者の間に三十五年の距《へだ》たりがあります。前者は、尊師《そんし》が功成り、名遂げた後のことであり、後者はまさに雄飛しようという、継承まもない頃の作品ということになります。上人は三十五年前の御文を、自身でわざわざ書き写したでしょうか？　不可能とは言い切れませんが、蓋然性に乏しいとせざるを得ません。

〈段落〉

段落としては、三段に分かれると思います。第一段は「ゆめゆめあるべからず」（一～四行目）まで。第二段は「しかれば」（五行目）から、「いふに」（六行目）まで。第三段はその後、末尾までです。

〈語釈〉

○末代　本文冒頭にある「末代《まつだい》」とは像法《ぞうぼう》時と末法《まっぽう》時を併《あわ》せていう言葉です。釈尊《しゃくそん》滅後五百年間はいまだ佛法が盛んで、釈尊の教えに従って、人々は佛道修行《ぶつどうしゅぎょう》に励み、なかには覚《さと》りを開く者もあったので、この時期を正法《しょうぼう》時といいます。それから後五百年間は、引き続き修行する人も出ましたが、もはや覚りを開くことはできなくなってしまい、この時代を像法時と呼びます。しかし、その後さらに千年間となると、佛法はすでに衰え、誰も覚りを開けなくなっただけでなく、もう修行を熱心にする人もなくなります。これが末法時です。この正《しょう》像末《ぞうまつ》の三時という考え方が佛教では弘《ひろ》く行われてきました。

そこで、末代、すなわち像法・末法の世に生を享《う》けた我々は、容易に救われないのですが、とりわけ、悪人・女人《にょにん》は阿弥陀佛に頼るほかに道はないというのが、本通の教えの趣旨です。

後生《ごしょう》については、十七通の所で私の考えを述べました。我々は、このままでは、後生は地《じ》獄《ごく》に堕ちるにちがいないのです。そこで、我々は、罪深き悪人であることを自覚し、阿弥陀佛の他力《たりき》の教えをよくきいて、雑行《ぞうぎょう》を捨て、その上で、我々の犯した罪のことはすべて如来にお任せして、一心一向《いっしんいっこう》に阿弥陀佛のお助けにすがるべきであります。これが浄土真宗《じょうどしんしゅう》の教えの本旨で、先の第十八通で、「なにのやうもなく」という言葉に関連して、私はお話しいたしました。

そして、阿弥陀如来にお助けを願うというのは、つまり、我々の後生の助かるのを期待することであります。

〈讃嘆《さんだん》〉

本通では、「阿弥陀佛」と「後生」の二つにテーマが絞られて説かれています。つまり、機《き》の信《しん》、法《ほう》の信《しん》について、私の罪の深さを自覚すること、またその罪の深いのをうち捨てること、他力の謂《いわ》れ、雑行《ぞうぎょう》・雑修《ざっしゅ》、往生《おうじょう》の易く定まること、といった内容には触れていません。

第一段では右の二つの主題が提起され、第二段で、その二つをどうすればよいのかと問題を投げ、第三段ではそれ等に対する答えとなっています。

「阿弥陀佛」という第一の主題では、

〈第一段〉阿弥陀佛をふかくたのみ

〈第二段〉阿弥陀如来をば、なにとやうにたのみ

〈第三段〉阿弥陀如来をひしとたのみ

と書かれております。

第二主題の「後生」については、

〈第一段〉そのほかには……後生のたすかる（ことなし）

〈第二段〉なにとやうに……後生をばねがふべき

〈第三段〉後生たすけたまへ

となっています。

「たのみ」という言葉が、二行目、五行目、七行目、八行目と、わずか十行の御文に、四度も現われるのは驚くべきことですが、第十四通目の所で詳しく説明しましたように、この語は、現代語の、「願う、請い求める」意味を全然含んでいず、「当てにする、信用する」と解釈すべきであります。

そこで、第一主題については、第一段で、ふかくたのみ——すなわち、阿弥陀佛を強く信

頼なさいとあって、次に、なにとやうにたのみ――どう信頼すればよいか?とあり、最後に、ひしとたのみ――強く信頼なさい、となっています。この第十九通の御文は、問答形式であると言われますが、第二段の問いに対する第三段の答えは、すでに第一段に出てしまっているのです。

これは第二主題についても同様です。後生のたすかる――つまり、私が死んだ後には極楽《ごくらく》浄土《じょうど》へ生まれ変わる――ことが問題で、第一段では、阿弥陀佛を頼らなければ、それは不可能だとあります。そして、第二段は、どのように後生を願うのかという問いです。後生を願うとは、後生の助かることを願うという意味であることは、申すまでもありません。それに対する第三段の答えは、「後生たすけたまへ」と阿弥陀如来にお頼りせよ――であって、ここでも、答えがすでに第一段に出てしまっていることになります。

第三段で、第一段と同じ内容に文章が戻っているわけで、回帰形式の御文とでも申しましょうか……皆さん、「全くナンセンスではないか!」と思われますか? 確かに、論理的には、本通は無意味でしょう。

もっとも、御文は学術論文ではありません。そこに隙《すき》のない論理の展開を期待するのは無理だと思います。教理的には、それほど見るべきものがない等と考えられて、蓮如上人がしばしば低く評価されることのあるのは、このような文章の非論理性というか、無論理性のためではないかと思います。けれども、信仰は哲学とか数学等とは別の世界です、宗教上の真理は、推論や証明で成り立っているものでないことは今さら申すまでもありません。

ごく幼い子供は、例えば自分の好きな物など大人に見せて、

「コレ、ボクチャン、スキダヨ」

と言った後で、

「コレ、ボク、スキカイ?」

と尋ねて、相手から、

「そうだね、これ、ぼく大好きなんだね」

と言ってくれるのを待ち遠しがったりします。

信心《しんじん》の感動には、時に、こういう幼児のごとき無邪気さがあるものです。五帖目第十九通も、そのように、なんの理論展開もありません。ただ、ひたすらに素朴な信心歓喜《しんじんかんぎ》の繰り返しがあるのみです。

「たのみ」の語が四度現われることはすでに指摘しました。「助」ということについても、「たすかる」(三行目)、「たすけ」(七行目、八行目)と反復されています。また、

「心を一《ひとつ》にして阿弥陀佛をふかくたのみたてまつる」

という初段の一節が、ほとんどそのまま、

「一心に阿弥陀如来をひしとたのみ……申(す)」

と繰り返されているでしょう。

また第一段の、

「たすかるといふ事、ゆめゆめあるべからず」

が第三段で、

「御たすけあるべき事、さらさらうたがひあるべから（ず）」

と受け継がれています。常識的に見れば、下手な文であり、無意味な繰り返し、論理の欠如でしょう。でも、これは、岸に打ち寄せる海の波のように、何度も飽かず発せられる信心の歎息なのです。信心の折返節《ルフラン》とでも申しましょうか。

# 五帖目第二十一通　経釈の明文の章

　当流《たうりう》の安心《あんじん》といふは、なにのやうもなく、もろもろの雑行《ざふぎやう》・雑修《ざふしゆ》のこころをすてて、わが身《み》はいかなる罪業《ざいごふ》ふかくとも、それをば佛《ぶち》にまかせまゐらせて、ただ一心《いつしん》に阿弥陀如来《あみだによらい》を一念《いちねん》にふかくたのみまゐらせて、御たすけさうらへとまうさん衆生《しゆじやう》をば、十人《じふにん》は十人《じふにん》、百人《ひやくにん》は百人《にん》ながら、ことごとくたすけたまふべし。これ、さらにうたがふこころつゆほどもあるべからず。かやうに信《しん》ずる機《き》を、安心《あんじん》をよく決定《けちぢやう》せしめたる人《ひと》とはいふなり。このこころをこそ、経《きやう》釈《しやく》の明文《めいもん》には、一念発起《いちねんほつき》、住正定聚《ぢゆうしやうぢやうじゆ》とも、平生業成《へいぜいごふじやう》の行人《ぎやうにん》ともいふなり。されば、ただ弥陀佛《みだぶち》を一念《いちねん》にふかくたのみたてまつること肝要《かんえう》なりとこころうべし。

　このほかには、弥陀如来《みだによらい》のわれらをやすくたすけましますご御恩《ごおん》のふかきことをおもひて、行住坐臥《ぎやうぢゆうざぐわ》につねに念佛《ねんぶち》をまうすべきものなり。あなかしこ、あなかしこ。

〈現代語訳〉

当流の安心《あんじん》とは、ただなんということなく、さまざまの雑行《ぞうぎょう》・雑修《ざつしゅ》を修する気持ちを捨て、また、自分がどんなに罪業《ざいごう》が深くても、それを佛にお任せして、ただ一心に、ひたむきの思いで、深く阿弥陀如来《あみだにょらい》にお頼りし、お助けくださいと思うことです。そういう気持ちの者が、十人いるなら十人とも、百人いるなら百人とも、如来はみんなお助けくださるでしょう。このことを疑う心が、けっして、つゆほどもあってはなりません。こんなふうに信心《しんじん》する者を、「安心《あんじん》をよく決定《けつじょう》した人」と言うのです。

この意趣《いしゅ》を経典《きょうてん》や釈文《しゃくもん》では、まさしく、一念発起《いちねんほっき》、住正定聚《じゅうしょうじょうじゅ》と言ったり、安心決定《あんじんけつじょう》の人を平生業成《へいぜいごうじょう》の行人《ぎょうにん》と言ったりするのです。ですから、ただ、阿弥陀佛を、深く、一所懸命お頼りすることが、大切だと心得なさい。

それより後は、阿弥陀如来の我々をたやすくお助けくださる御恩の深いことを思って、行《ぎょう》住坐《じゅうざ》臥《が》、常に念佛《ねんぶつ》を申すべきです。

〈由来〉

章の中ほどに「経尺《きやうしやく》（釈）の明文《めいもん》」の紹介がされているので、この呼び名がありますが、『御文章来意鈔《ごぶんしょうらいいしょう》』は、これを「元朝《がんちょう》の御文章」と名づけて、左のごとき由来を挙げています。

明応《めいおう》二年（一四九三）蓮如上人七十九歳の正月元旦に、当時の山科本願寺《やましなほんがんじ》にほど近い勧修《かんじゅ》寺《じ》村に住む道徳という者が、年始の御挨拶に来寺したところ、上人は年頭の辞など抜きにして、いきなり彼に「お前はいくつになった？　御恩報謝《ごおんほうしゃ》の念佛を怠ってはならぬぞ」と話しかけて自力念佛《じりきねんぶつ》と他力念佛《たりきねんぶつ》の違いを明らかにしつつ、南無阿弥陀佛を称えるよう勧めたので、道徳は感涙にむせび、「世間では、正月によいことがあれば、その年中《としじゅう》よいことがあるといって喜びますが、私にとって、今日はなんという吉日でございましょう。思いがけず御《ご》教化《きょうけ》を受けました。命があれば、今年一ぱいありがたい御教化を、いただけるにちがいありません。このうえは、喜びの事始めに、今の御説法《ごせっぽう》を御文《おふみ》にお書きくだされば、家の者にも読ませとう存じます」と言った。

　上人は快諾して筆を執ったのが、この御文章になったのである。蓮師《れんし》一代に、数百通もの御文を書かれたが、元旦の御製作というのはこれのみである。

といった趣旨のものです。道徳が明応二年の正月に山科本願寺へ参詣したことは、『空善《くうぜん》記《き》』等の文書で明らかですが、そのとき御文が書かれたという記録は見当たりません。ですから、道徳のためにできた御文かどうかはわかりませんが、少なくともこれに類似したような状況のもとで、上人は筆を執ったのでしょう。門徒に安心と念佛を催促する気持ちの溢れた御文です。

　自力念佛、他力念佛のことは、本章には言及されてはいませんが、しかし道徳の話と結びつけて考えないにしても、やはり連関性はあることです。

というのは、この章は、前段が安心のことで、後段が、短く、最後の四行で、「このほかには」から念佛のこととなっているからです。つまり、安心、または信心の後に念佛が来ます。これが他力の念佛であって、自力念佛と異なるところであり、数多くの御文で、蓮師が繰り返し強調した浄土真宗《じょうどしんしゅう》の肝要（主要ポイント）の一つです。

右に申しました『空善記』には次のように書かれています。

> 勧修寺の道徳、明応二年正月一日に御前へまゐりたるに、のたまはく、道徳はいくつになるぞ、道徳念佛申さるべし。自力念佛といふは、念佛おほく申て佛にまゐらせ、この申たる功徳《くどく》にて佛のたすけ給はんずるやうにおもうてとなふる也《なり》。他力といふは、弥陀《みだ》をたのむ一念《いちねん》のおこるとき、やがて御たすけにあづかる也。其後《そののち》念佛申は、御たすけありたるありがたさ、ありがたさ、とおもふこころをよろこびて、南無阿弥陀佛、南無阿弥陀佛と申す也。これ、おのづからわがちからをくはへざる心也。されば他力とは、他のちからといふ心也。此《この》一念臨終《りんじゅう》までとほりて往生《わうじやう》する也、と仰候《おほせさうらふ》也。（ルビ筆者）

道徳という人は、明応二年の正月で、いくつになったのかわかりませんが、時の経《た》つのは速いものであることを改めて感じさせて、念佛を怠らないよう警告されたものです。

ただし、それが、前にお話ししました（第十一通参照）ような無信称名《むしんしようみよう》であってはならないので、ただ回数「おほく」称えればよいと誤解しないように、蓮師は、すぐさま言葉をついで「自力念佛といふは……」と言ったのです。

念佛を佛に捧げ、廻向《えこう》して、その功徳で、いわば、その御褒美《ごほうび》として、佛が助けてくださるように思って称えるのが自力念佛である。それに反して、弥陀におすがりしようという気持ちが起こると同時に弥陀はお助けくださるというのが他力の教えである。そのお助けにあずかった後《あと》での念佛というのは、お助けくださるなんて、ほんとうに思いもかけないことだと喜んで、思わず「南無阿弥陀佛、南無阿弥陀佛」と言っているのだ。故意に努力しているのでなくて、自然に出て来るのだ。他力とは、だから、「他のちから」なのだ。

蓮師が道徳に勧めたい念佛は、こういう念佛だったのです。自力では、念佛行《ねんぶつぎょう》、念佛することによって救われることを説くのです。念佛が救済（往生《おうじょう》）の因《いん》（原因・条件）なのです。しかし、他力宗《たりきしゅう》では、念佛は救いの因ではありません。念佛の力で救われるのではないのです。我々が救われるのは、ただ信心だけです。「弥陀をたのむ一念」です。他力にとって念佛とは、信心を得て後に「よろこびて」称える南無阿弥陀佛です。これを「信後念佛《しんごねんぶつ》」と言います。

## 信因称報

それゆえ、浄土真宗の教義として、「信因称報《しんいんしょうほう》」ということが言われます。「信心正因《しんじんしょういん》称《しょう》名報恩《みょうほうおん》」の略であって、まさしく浄土往生《じょうどおうじょう》の定まる原因は信心であり、この救いを賜った阿弥陀佛の御恩に報いるのが称名念佛《しょうみょうねんぶつ》であるということです。

この道理を、親鸞聖人《しんらんしょうにん》も正信偈《しょうしんげ》（『教行信証』行巻末尾）の中で、

憶念弥陀佛本願《おくねんみだぶつほんぐわん》
自然即時入必定《じねんそくじにふひつぢやう》
唯能常称如来号《ゆいのうじやうしようによらいがう》
応報大悲弘誓恩《おうほうだいひぐぜいおん》

と謳《うた》いました。

弥陀佛《みだぶつ》の本願《ほんがん》を憶念《おくねん》すれば（一念に信心すれば）、
自然《じねん》に即ちの時必定《ひつじょう》（必ず佛となると定まった位）に入る。

という初めの二行が信心正因《しんじんしょういん》の理《り》であり、

唯能《ただよ》く常に如来の号《みな》を称して、
大悲弘誓《だいひぐぜい》の恩を報ずべし。

の二行が称名報恩の言葉です。

御本書と呼ばれる聖人の主著『教行信証《きょうぎょうしんしょう》』にも、この意《こころ》が明らかに示されています。たとえば「信巻《しんのまき》」には信心を「証大涅槃《しょうだいねはん》（佛に成るべき覚《さと》りを開く）の真因《しんいん》」とし、また、「涅槃の真因は信心を以てす」として信心正因を説き、「化真土巻《けしんどのまき》・本」には、「深く佛恩《ぶっとん》を知り。至徳《しとく》を報謝《ほうしゃ》せんが為に……恒常《つね》に不可思議の徳海《とくかい》を称念《しょうねん》す」と称名報恩を示しています。

そもそも『教行信証』は、従来の、修行《しゅぎょう》によって証《さとり》を開くという「教《きょう》行《ぎょう》証《しょう》」の考えに対し、宗祖《しゅうそ》が行《ぎょう》と証《しょう》の間に信《しん》を入れて、往生《おうじょう》浄土《じょうど》の証《さとり》を開くのは、ひとえに信《しん》の力によることを提唱した著書です。杉紫朗《すぎしろう》師の言によれば、行は信の対象で、信じて受け取るべきものであり、佛のお手許にある私の証《しょう》を開くべき力、換言すれば佛の救いの力です。それを教えられるのが教《きょう》であります。

それゆえ、証《しょう》を得る因《いん》は行《ぎょう》でなく信《しん》であります。宗祖以前の考え方のごとく、行の後に証が来るのでなく、その間に信が挟まって、信に証が続くわけです。信《しん》と証《しょう》が直接つながっているというので、これを信証《しんしょう》直接《じきしょう》と言います。右のごとく、行は念佛行も含めて、佛の救いのお力として受けるべきものなのですから、我々の、つまり、自力の行ではなく、ただ信心によってのみ往生が定まるのです。すなわち、『教行信証』は信心正因の明らかにされたものであります。

信心と称名《しょうみょう》の関係、要するに、信心が先で称名が後であるということは、我々の根本聖典である『大無量寿経《だいむりょうじゅきょう》』においても知られます。このお経の中でもまた根本とされる第十八願は、次のとおりです。

設我得佛《せつがとくぶつ》　十方衆生《じっぽうしゅじょう》　至心信楽《ししんしんぎょう》　欲生我国《よくしょうがこく》　乃至十念《ないしじゅうねん》　若不生者《にゃくふしょうじゃ》　不取正覚《ふしゅしょうがく》……

(設《たと》い我《われ》、佛《ぶつ》を得たらんに、十方の衆生、至心信楽にして、我《わ》が国《くに》に生《しょう》ぜんと欲《おも》うて、乃至十念せん、若《も》し生《しょう》ぜずば、正覚《しょうがく》を取らじ……)

この願において、十方の衆生は、心から信じ喜んで、「我国」すなわち阿弥陀佛の極楽浄《ごくらくじょう》土《ど》に往生しようと欲するのです。ここまでが信心正因のことであって、次の「乃至十念せん」十回の念佛を称えるのは、報恩感謝《ほうおんかんしゃ》のためです。もっとも「乃至《ないし》」という言葉の示すところは、たとえば十回の称名であるが、それは百回でも千回でもよいし、反対に一回、二回でもよいのです。とくに何回せねばならぬという義務的なものでなく、報恩の行であって、極楽に往生し、覚《さと》りを開くために課せられた行ではありません。また、「信楽《しんぎょう》」には信ずるところに満足の喜びがあって、それは、信心だけで往生がきまったという安心があるので、楽しみとなっているのです。このように、第十八願には、信前行後《しんぜんぎょうご》ということが明示されています。

女人往生《にょにんおうじょう》の願と言われる第三十五願では、

其《ご》有《う》女人《にょにん》　聞我名号《もんがみょうごう》　歓喜信楽《かんぎしんぎょう》……

（其れ、女人有《あ》りて、我が名号を聞きて、歓喜信楽し……）

と、信心の満足のみあって、念佛のことは書かれていません。

さらにこのお経の下巻の「願成就《がんじょうじゅ》の文《もん》」と呼ばれる箇所は、

諸有衆生《しょうしゅじょう》　聞其名号《もんごみょうごう》　信心歓喜《しんじんかんぎ》　乃至《ないし》一念《いちねん》　至心廻向《ししんえこう》　願生彼国《がんしょうひこく》　即得往生《そくとくおうじょう》　住不退《じゅうふたい》転《てん》……

（あらゆる衆生、其《そ》の〔無量寿佛の〕名号を聞きて、信心歓喜せんこと、乃至一念もせ

ん。至心に廻向したまえり、彼《か》の国に生まれんと願わば、即ち往生することを得て、
不退転〔の位〕に住すればなり……）

で、やはり、無量寿佛（阿弥陀佛）の名号の功徳を廻向されて、衆生が信心歓喜することのみ説かれています。ここの「一念」は、第十八願の「十念」と異なり、信心を意味するということは、すでに第十三通についての「一念」の項で、詳しく申したとおりであります。『観無量寿経《かんむりようじゆきよう》』では、下品中生者《げぼんちゆうしようしや》の段に、生前戒《かい》を犯し、地獄に堕ちようとした罪人が、臨終に善知識《ぜんぢしき》の教えを受け、

此人聞已《しにんもんい》　除八十《じよはちじゆう》　億劫生死之《おくこうしようじし》罪《ざい》
（此《こ》の人、聞き已《おわ》りて、八十億劫《こう》の生死《しようじ》の罪を除く）

とあります。聞いたというのは、もちろん、聞き流したのではなくて、傾聴して、阿弥陀佛の救済の不思議なお力を信じたのです。信心が極楽に往生する因であることをここでも示しています。

最後に、『阿弥陀経《あみだきよう》』には、

若有人《にやくうにん》　已発願《いほつがん》　今発願《こんほつがん》　当発願《とうほつがん》　欲生阿弥陀佛国者《よくしようあみだぶつこくしや》　是《ぜ》諸人等《しよにんとう》　皆得不退転於阿耨多《かいとくふたいてんおあのくた》羅三藐三菩提《らさんみやくさんぼだい》　於彼国土《おひこくど》　若已生《にやくいしよう》　若今生《にやくこんしよう》　若当生《にやくとうしよう》……
（もし人有りて、已《すで》に願を発《おこ》し、今《いま》願を発し、当《まさ》に願を発して、阿弥陀佛の国に生まれんと欲せば、是《こ》の諸々《もろもろ》の人等、皆《みな》、阿耨多羅三藐三菩提《あのくたらさんみやくさんぼだい》より退転せざることを得て、彼

　の国土に於いて、若《も》しくは已《すで》に生まれ、若しくは今生まれ、若しくは当《まさ》に生まれん
　……）

とあり、願を立てた者は無上涅槃《むじょうねはん》の境地からもはや退くことはなく（不退転）、阿弥陀佛の国に生まれるのであるというので、「願を発《おこ》す」（発願）を、真宗《しんしゅう》では、つまるところ、『大無量寿経』第十八願の「至心《ししん》・信楽《しんぎょう》・欲生我国《よくしょうがこく》」に当たる浄土を願う信心のことであると考えます。以上、信心正因称名報恩（信因称報）は浄土真宗の確固たる教義で、道徳参上のときも、蓮師は彼に念佛を勧めつつ、しかも誤解のないよう、それが他力の念佛であることを強調しました。

それでは、光陰矢《こういんや》の如《ごと》しと、とくに痛感せられる正月に当たって、なぜそれを催促したのか、あたかも、念佛の功で、死んでも地獄《じごく》へ堕《お》ちないようにとの自力の教えであるかのごとく。けれども、実はそうではないのです。救われた喜びは、死ぬまで忘れず、報恩の称名となって形に現われるものであるという教えなのです。そのため、

　此一念臨終までとほりて往生する也

という結びの一言があるのです。

第二十一通が明応二年正月に書かれたものとは断定できないにもかかわらず、道徳のことを長々とお話ししてしまいました。ただ、この一文が、この日、この人に説かれたものでなくとも、やはりこれに似た状況、道徳に似た人物が、蓮師に筆を執らしめたことと思いま

す。しかし、それよりも、申したいのは、信因称報の意《こころ》が蓮師の御文全般を通じて一貫していることであります。念佛の報恩行《ほうおんぎょう》を勧める言葉は、各御文の末尾に、必ず信心の説法《せっぽう》の後に置かれていることです。この章も、安心を前段に御恩を「このほかには」以降の後段に配してあります。

**〈段落〉**

前段の安心は、さらに三節に分けることができます。第一節は安心とはどういうことかを説き明かし、第二節は「このこころをこそ」に始まって、右のことについて、経釈《きょうしゃく》を論拠としてあります。第三節は結論の言葉で、「さればただ」以後です。左にこれを図示いたします。

五帖目第二十一通
- 前段（安心）
  - 第一節（安心とは）——当流の安心といふは……(1)
  - 第二節（経釈で立証）——このこころをこそ……(8)
  - 第三節（結論）——されば、ただ……(10)
- 後段——このほかには……(13)

［第一節］

〈語釈〉

○なにのやうもなく　単語としては、経釈の明文として以外は、「雑行《ぞうぎょう》・雑修《ざっしゅ》」「罪業《ざいごう》」「一心《いっしん》」「一念《いちねん》」「機《き》」については先回にすでに説明しましたので、もはや問題ないと思いますが、第十八通の所で検討しました「なにのやうもなく」については、おさらいのつもりでもう一度まとめてみることにしましょう。

これは、漢字を当てて書くと「何の様もなく」でさしたる様子もない、わけもなくたやすい、容易である等々、まったくなんでもないことですが、これがかえって、なんと理解したらよいのか、考えれば考えるほど難しい言葉ではありませんか？

他の御文でその用例をもう一度、まとめて引用します。

①我が身は罪深いと知ることに関する例としては、

「なにのやうもなく、ただわが身は十悪《じふあく》・五逆《ごぎやく》、五障《ごしやう》・三従《さんしよう》のあさましきものぞとおもひて」（二帖目第七通）

「他力信心のおもむきといふは、なにのやうもなく、わが身はあさましきつみふかき身ぞとおもひて」（二帖目第八通）

「なにのやうもなく、ただわが身は極悪深重《ごくあくじんぢゆう》のあさましきものなれば」（二帖目第九通）

②次に我が身の罪深さを捨てるべきことについては、

「なにのやうもなく、まづ、我身のあさましきつみふかきことをばうちすてて」（五帖目第十八通）

罪が関連している右の用例の中、初めの方①では、自分の罪の深さに思いを致すのが肝要とされています。

おそらく、罪の意識のない人間などいないと思いますが、世の中に、自分ほど悪い者はない、「極悪深重」といった徹底した罪悪感に到達する人は稀であります。しかし、そこまで問題を問いつめないと信仰の道は開けて来にくいもので、自尊心とか、虚栄心とか、結局は自我への固執がなかなか捨てきれません。

「やうもなく」はこの際、「きれいさっぱり」とでも訳したらどうでしょうか？　自我へのこだわりをきれいさっぱりと捨てて、あっさり、自分の罪のありったけを残らず改悔《がいけ》懺悔《さんげ》してしまってというふうに。

しかし、自分の罪の一切《いっさい》を認めても、ただそれだけであっては信心とならないでしょう。罪を犯したことにくよくよしていては、いっこうに救われません。いったん自覚した罪の深いことを、今度はすっかり忘れてしまって、罪のことは一切合財《いっさいがっさい》、阿弥陀佛にお任せするところに、初めて心の安らぎが生まれるのです。それが②の場合です。

③第十八通の所で、第三に挙げた様式は次のごとくです。

「なにのやうもなく、他力の信心といふいはれをよくしりたらんひとは」（三帖目第二通）
「なにのやうもなく、他力の信心といふことをひとつ決定すれば」（三帖目第三通）
「なにのやうもなく、弥陀をよく信ずるこころだにも、ひとつにさだまれば」（同右）
他力を、弥陀を信じさえすればそれでよいのだということです。
④雑行等に関する用例ですと、
「信心をとるといふは、やうもなく、ただもろもろの雑行・雑修、自力なんどいふわろき心をふりすてて」

と五帖目第十五通にあります。本章も「雑行・雑修のこころをすてて」です。それゆえ、他力の教え以外のさまざまの信仰に、あれやこれやと目移りすることなく、ただ浄土真宗の教え一筋に、わき目もふらず――ということになります。すると、逆に言えば、目移りすること、気の多いのが、いわば「ようのある」ことでしょうね。
⑤「正行《しやうぎやう》に帰するといふは、なにのやうもなく、弥陀如来を一心一向《いつしんいつかう》にたのみたてまつることとわりばかりなり」（二帖目第七通）
「一流の安心の正義《しやうぎ》のおもむきといふは、なにのやうもなく、阿弥陀如来を一心一向に……」（三帖目第十通）
「在家《ざいけ》の尼女房《あまにようばう》たらん身は、なにのやうもなく、一心一向に阿弥陀佛を……」（五帖目第三通）

右の例では「なにのやうもなく……一心一向に」と繫《つな》がっていきますから、やはり、わき目もふらず、ただ一筋にというのが、「やうもな」いことなのです。そして、次の例では、まさに「一筋に」の語が使われています。

「なにのやうもなく、ひとすぢにこの阿弥陀ほとけの御袖にひしとすがり……」(二帖目第十三通・五帖目第十二通)

「なにのやうもなく、ただひとすぢに阿弥陀如来を一心一向にたのみたてまつりて」(二帖目第十四通)

「なにのやうもなく、ただひとすぢに阿弥陀如来をふかくたのみたてまつるばかりなり」(三帖目第一通)

「なにのやうもなく、ただひとすぢに阿弥陀如来を一心一向にたのみたてまつりて」(五帖目第二十二通)

⑥そこで、最後に、二帖目第七通には次のように書かれています。

「……一念の安心ひとつにて浄土に往生することの、あらやうもいらぬとりやすの安心や、されば、安心といふ二字をばやすきこころとよめるはこのこころなり、さらに、なにの造作もなく、一心一向に如来をたのみまゐらする信心ひとつにて、極楽に往生すべし」

もういろんなことを思案せずに、すべて如来にお任せすればそれでよいのだ、ということになりましょう。任せたところに安心が生まれる。安心、「やすき」心は、また、易《やす》き心であると、なかば洒落《しゃれ》のごとくですが、心配し始めればきりがない、身を投げ出してしまえばかえって安心する。そうしてしまえば、それが案外易《やさ》しいことなんだなと分かるようになるよ、というような趣旨でしょうか。

蓮師在世当時、その姿に接した人々は、皆信心決定したのだろうと思います。上人の徳が、人々の心の迷いを「やうもなく」雲散霧消《うんさんむしょう》させたのです。今の世で、我々は、わずかに御文を通じてしか、ありし日の蓮師の面影を偲《しの》ぶことができません。

一応、今までのところを要約しますと、「なにのやうもなく」は、第一に、わき目もふらず、一筋にということ、第二に、我執《がしゅう》を捨てて、素直《すなお》に自分の罪の深さを認める、しかし、それにくよくよせず、罪のことは佛にお任せする。第三に、疑いの心を持たず、素直に阿弥陀佛を信ずる。そして、最後に、難しいと思わないで至極《しごく》易しいことであるから、簡単に安心を取るのだ――というさまざまの意味を背後に籠《こ》めて、「ただなんということなく」と理解すればよいかと思います。

［第二節以降］

〈語釈〉

○一念発起、住正定聚　第二節の初めに「経　尺《きゃうしゃく》」とあるのは「経釈」で、経典およびそれに対する註釈書のことです。「一念発起《いちねんほっき》」という言葉は、親鸞聖人の『末燈鈔《まっとうしょう》』第十に、「一念発起のとき無碍《むげ》の心光に摂護《せふご》せられ……」と現われるのがおそらく最初かと思います。

「住正定聚《じゆうしようじようじゆ》」についてでありますが、これはまず『大経《だいきよう》』（『大無量寿経』）下巻、冒頭の「第十一願成就の文《もん》」と宗学上呼ばれている箇所に、

其有衆生《ごうしゆじよう》　生彼国者《しようひこくしや》　皆悉住於《かいしつじゆうお》　正定之《しようじようし》聚《じゆ》

（それ、衆生ありて、かの国に生まれんとする者は、みな、ことごとく正定聚に住す）

とあるのを引用したのであります。「かの国」とは阿弥陀佛の極楽浄土のことです。「正《しよう》定聚《じようじゆ》に住す」あるいは「入正定之聚」（正定の聚に入る）については、五帖目第十通についての解説のところをごらんください。

「一念発起　住正定聚」と八字成句になった経釈の文はとくに見当たりませんが、右の経《きよう》文《もん》のほとんどすぐ後に続いて、

乃至《ないし》一念《いちねん》……即得往生《そくとくおうじよう》　住不退転《じゆうふたいてん》

（ないし一念もせん〔に〕……すなわち往生することをえて、不退転《ふたいてん》〔の位〕に住す）

とあって、一念（発起）すれば、極楽に往生すべき不退転の位に達するというのです。不退転の位は、正定聚の位と同じことですから、御文は正しくこの一節の意《こころ》を述べたものでありましょう。また、龍樹菩薩《りゆうじゆぼさつ》の『十住毘婆娑論《じゆうじゆうびばしやろん》』の中で「易行品《いぎようぼん》」には、

人能《ク》念《ズレバ》ニ是《ノ》佛《ノ》無量力功徳《ヲ》一即《ノ》時《ニ》入《ル》ニ必定《ニ》一

（人よくこの佛の無量力功徳《むりようりきくどく》を念ずれば即の時に必定《ひつじよう》に入《い》る）

と書かれています。「この佛」は阿弥陀佛のことで、「必定」は必ず涅槃に入ると決定している位で、梵語のアヴァイヴァルティカの訳語です。この言葉は、「不退転」とも訳されますから、結局、先の二例と意味は同じで、一念によって、正定聚の位に定まるということにほかならないのです。

その他、曇鸞大師《どんらんだいし》の『浄土論註《じょうどろんちゅう》』には、

但以テ二信佛ノ因縁ヲ一願ズレバレ生ゼント二浄土ニ一。乗ジテ二佛ノ願力ニ一便チ得三往‐生スルコトヲ二彼ノ清浄ノ土ニ一。佛力住持シテ即チ入ル二大乗正定之聚ニ一。

（ただ信佛の因縁を以て浄土に生ぜんと願ずれば、佛の願力に乗じてすなわち彼《か》の清浄の土《ど》に往生することを得。佛力、住持《じゅうじ》してすなわち大乗正定の聚に入る）

「信佛の因縁を以て」は、一念発起に当たり、やはり同じ意《こころ》が説かれています。

○平生業成　経釈の明文としてあげられているもう一つの熟語は「平生業成《へいぜいごうじょう》」です。「平生《へいぜい》」は臨終に対した言葉であり、「業成《ごうじょう》」は業事成弁《ごうじじょうべん》の略です。業事は「しごと」すなわち往生のための仕事で、それが「成就弁了《じょうじゅべんりょう》」した、満足にでき上がったということです。

おおむね浄土宗では、臨終に念佛するとき、佛《ほとけ》・菩《ぼ》薩《さつ》が浄土から迎えに来られて、死者を浄土に導き給うという、いわゆる「臨終来迎《らいごう》」を説きますので、それによれば、臨終において業事が成就することになるのですが、それに対し、日常生活の間に浄土に生まれるための因ができ上がるとするのが真宗の立場で、これがすなわち、「平生業成」です。

平生業成が成語となったのは覚如上人《かくにょしょうにん》によるのであって、上人は著述の中の数多くの箇所で、平生業成の理を懇切に説いています。彼の宗学上の一大閃影《せんえい》とも申せましょう。存覚《ぞんかく》上人もこの教理を推し進め、さらに蓮師がこれを引き継ぎました。

そして、この平生業成のことは、本章よりも一帖目第四通に詳しく説いてあります。

「一念発起《いちねんほっき》、平生業成《へいぜいごふじやう》と談《だん》じて、平生《へいぜい》に弥陀如来《みだにょらい》の本願《ほんぐわん》のわれらをたすけたまふことわりをききひらくことは、宿善《しうぜん》の開発《かいほつ》によるがゆゑなりとこころえてのちは、わがちからにてはなかりけり。佛智他力《ぶつちたりき》の御《おん》さづけによりて、本願《ほんぐわん》の由来《ゆらい》を存知《ぞんち》するものなりとこころうるがすなはち、平生業成《へいぜいごふじやう》の義《ぎ》なり。されば平生業成《へいぜいごふじやう》といふは、いまのことわりをききひらきて、往《わう》生治定《じやうぢぢやう》とおもひさだむるくらゐを一念発起住正定聚《いちねんほっきぢゆうしやうぢやうじゆ》とも平生業成《へいぜいごふじやう》とも即得往生住不退転《そくとくわうじやうぢゆうふたいてん》ともいふなり」

臨終ではなく、平生のときに如来のお助けに信順できるようになるとすると、それは宿《しゅく》善《ぜん》の開発《かいほつ》のお蔭なのだ。しかし、その宿善の開発も勝手に起こったものでなくて、他力のお授けによるのだとすぐさま気づくはずである。このような他力本願の由来の分かることが、つまり平生業成ということなのだ。他力の御はたらきが自分に及んだとなれば、そのはたらきとは自分を必ず往生させると定められることにほかならないのだから、すなわち、臨終を待たず、平生のときに往生のこと（業事）が、きまった（成弁）のだ——というような意味です。

さらに、平生業成は言葉を換えて言えば、（『大無量寿経』第十一願成就文にあるごとく、また、曇鸞大師の『浄土論註』にあるごとく）一念発起、住正定聚ということであり、（同じく『大経』にあるごとく）即得往生、住不退転ということでもある――と一帖目第四通平生業成の段は終わっています。

かくのごとく、この言葉は、成語としては覚如に始まったにしても、内容としては、経典より、高僧の説を経て、真宗宗学に伝承されていることを明らかにせんがために、蓮師は一ノ四においても、五ノ二十一においても、「一念発起、住正定聚とも」を、平生業成に併称したのでしょう。

親鸞聖人も『唯信鈔文意《ゆいしんしょうもんい》』その他で、即得往生住不退転の経文を引用して、「正定聚」「不退転」の理を説いていますし、法然《ほうねん》上人も一念を一度の往生、十念を十度の往生と説いて、一念発起往生の義を明らかにしましたから、本章および一帖目第四通にあげられた「即得往生、住不退転」「一念発起、住正定聚」「平生業成」は浄土教展開の理趣《りしゅ》の経緯と申せましょう。

このように領解《りょうげ》しますと、第三節である結論が自然に肯《うなず》けるのです。すなわち、阿弥陀佛を一念に頼ることのなかに、右の三句が成就満足するのです。ここまで安心を説いて、「このほかには」以下が御恩の念佛をすすめる、先に述べました信後念佛のことになっています。

# 蓮如上人と御文解説

前田《まえだ》恵學《えがく》

## 一

真宗門徒の家庭の仏壇は、阿弥陀仏をご本尊とし、両脇には多く宗祖親鸞聖人を向かって右に、左には蓮如上人をお祀りしている。また読誦《どくじゅ》すべき聖典として、声明集《しょうみょうしゅう》に合わせて『御文《おふみ》』を備えている。声明集には親鸞聖人の手に成る『正信偈《しょうしんげ》』『和讃《わさん》』を収め、節をつけて唱和するが、節の方に気をとられて、意味を玩味することは少ない。耳をそばだて心に刻むように拝読・拝聴されてきたのは御文である。御文は、蓮如上人の門弟・門徒や道場・講中に下されたご消息、つまりお手紙であり、自分にお手紙をいただいたように謹んでこれを頂戴してきたのである。それ故に真宗門徒の信仰は、御文によって培われてきたと言ってもよい。

二

蓮如上人は、本願寺が東西に分かれるはるか前、応永二十二年（一四一五）第七世存如上人の長子として、京都東山大谷の本願寺に生まれ、幼名を布袋丸《ほていまる》と言われた。六歳の時、布袋丸の将来を案じ、生母の方がいずれかに身をかくされた。その理由は父存如の正室ではなかったため、正室を迎えられるのを聞いて、自ら身を引かれたものと言われる。

蓮如上人は、十七歳にして青蓮院《しょうれんいん》において得度し、法名を兼寿と名のられた。爾来、宗義の研究に没頭し、親鸞の主著『教行信証《きょうぎょうしんしょう》』とその注釈『六要鈔《ろくようしょう》』（存覚上人著）の精読を重ね、倦むことを知らなかった。当時の本願寺は、訪れる者とてもなく、さびさびとしていたという。

長禄元年（一四五七）、父存如上人の遷化されたあと、本願寺第八世を継がれた。時に上人四十三歳であった。寛正初年の頃より御文による文書伝道を始め、大いにその成果があがった。寛正二年（一四六一）には、宗祖二百年忌を修したが、参集の僧二十六人、門徒五、六十人であったという。しかるに蓮如上人の影響が次第にひろがったのであろう。寛正六年正月不意に比叡山の徒の襲撃をうけ、大谷の本願寺は灰燼《かいじん》に帰した。時に上人は五十一歳、江州堅田《ごうしゅうかただ》に難を避け、以後乱世の苦難の中にありながら強固な念仏信仰を弘めていかれる。

文明元年（一四六九）大津に移って顕証寺を建て、文明三年には朝倉氏の援助によって越前吉崎《よしざき》の地に坊舎を創建し、その教線は北陸一帯から奥羽にまで及び、門前市をなすの盛況を呈した。しかし同七年には富樫《とがし》政親の攻撃を受けたため、若狭から摂津に入り、やがて大坂の河内出口に光善寺を創建し、摂津・河内・和泉の各地に布教した。文明十年にいたって京都山科《やましな》の地に松林山本願寺を開いた。本堂は三間四面、祖堂は五間四面で、実力に比べて小さい堂宇であった。恐らく比叡山に配慮した結果、旧大谷本願寺の規模を守ったものと考えられている。

文明十四年には、大勢力を誇った仏光寺が本願寺に従属し、また長享二年（一四八八）富樫政親の滅亡とともに、加賀・能登・越前はあげて本願寺の門徒となり、本願寺再興の業《ぎょう》が成ったといわれる。延徳元年（一四八九）上人七十五歳の時、寺務を実如上人にゆずり、自ら信証院と号した。明応五年（一四九六）には、大坂石山に一宇を創建し、さらに布教に努めたが、同七年病いを得、翌八年（一四九九）三月二十五日山科で入寂《にゅうじゃく》された。時に八十五歳であった。

上人は一代の間に衰微していた本願寺を再興し、動乱の中で真宗の宗旨をひろめ、後世本願寺中興と仰がれる。上人の力強い教化があってはじめて真宗は宗派として日本仏教の雄たる位置を占めるをえたのである。その教化は御文によるところが多く、御文による文書伝道の影響は、その後今日にまで及んでいる。日本仏教の聖典の中で、これほど多くの人々に味読されたものは他にないであろう。明治十五年（一八八二）、上人に慧燈大師の号が贈られた。

三

蓮如上人は、多くの人々に消息を与えたが、今日に残るものその数二百数十通に及んでいる。実際にはさらに多くの消息が発せられたことは疑いがない。文明五年吉崎において『正信偈』『和讃』の開版によって、真宗の勤行《ごんぎょう》が確立するが、それ以後仏前で『御文』を拝読することが習わしとなって、各地から下附の申出が多く出された。そうした御文を集め、のちに十帖本・二帖本・四冊本など、いろいろにまとめられて世に流布した。これら消息集のうち、特に懇切に念仏の教えを示されている消息八十通を選び、五帖に編纂したものが今日の『五帖御文』である。五帖に編纂した人については異説があるが、一説に上人の孫に当たる円如《えんにょ》法師であるという。円如は編纂を終えると三十二歳の若さで亡くなったと伝えられる。五帖のうち、第一帖より第四帖までは、消息の書かれた年月日の順に従っており、第五帖には年月の記載のない不明のものを集めている。なお、『五帖御文』から洩れたものを「帖外御文」といい、別に「夏《げ》の御文」四通と「御《ご》俗姓御文」「改悔文《がいけもん》」がある。

最初の消息は、この『蓮如［御文］読本』（一九頁）にもあるように、五帖目第十通「聖人一流の章」であるとの伝えがある。この一通をいただいた金森の道西は、これを「聖教《しょうぎょう》」

として頂戴した。しかし上人は、聖教というのははばかられるから「文」と呼ぶように言われたという。それ以来、「御文《おふみ》」と呼ばれるようになった。また「御文章」と呼ばれることもある。このように上人の消息集には、さまざまの形があったが、『五帖御文』が最も広く読まれたものである。その内容は、

第一帖　文明三年七月十五日から文明五年九月二十二日までの御文十五通（越前吉崎滞在中）
第二帖　文明五年十二月八日から文明六年七月九日までの御文十五通（同地滞在中）
第三帖　文明六年七月十四日から文明八年七月十八日までの御文十三通（第十一通以下河内出口滞在中）
第四帖　文明九年一月八日から明応七年一月二十一日までの御文十五通（第五通以下第九通までは山科、第十通以下は大坂石山に滞在中）
第五帖　年月日の記載のない御文二十二通

となっている。

四

『御文』五帖の中でも、年月日の記載のない第五帖目は、消息というよりは法語的な性格の強いものが多い。門徒の間では「五帖目さま」と呼ばれて特に珍重せられ、『御文』といっ

ても仏壇の中にはこの五帖目だけしか備えていない家庭も少なくない。五帖目は『御文』の中でも最も尊重せられているものである。

この『蓮如［御文］読本』でとりあげているのは、第五帖目第十通以下に見られる十通の御文であって、まさに御文の中の御文と言いうる重要な文章である。御文一通ごとに、その製作の〈由来〉を尋ね、古来の伝統的な科段にも配慮して、全体の構成を理解し易いように〈段落〉を分け、本文中のキー・ワードや難解なことばについて〈語釈〉で説明をすると共に、教えの内容を明らかにし、平易な表現に直して〈文意〉を現代語に訳し、上人の教化《きようけ》を〈讃嘆《さんだん》〉するなど、懇切丁寧に親しみ易く分かり易く、御文の真意がよく開顕せられている。

この『蓮如［御文］読本』は、もともと雑誌『あすあすあす』に連載されて、好評を博したものである。ここにその特徴をいくつか指摘しておきたい。

第一に、親鸞聖人によって開かれた真宗の正しい信仰の伝統の上に立っている。例えば、入正定之聚（三九頁）・信因称報（二三八頁）の説明などに見られる。

第二に、蓮如上人によって宗義の一大転回があったことが強調されている。親鸞聖人の他《た》力本願《りきほんがん》の教えは、「弥陀をたのむ」の一念につきるが、何とたのめばよいか分からなかった。蓮如上人は「たすけたまえ」とたのむのであるとして、〈たすかる〉ということの意義を明確にされている。

第三に、宗派の違いによって解釈の違うところがある点に留意して、語義の理解に偏《かたよ》りのないように努めている。例えば、帰命《きみよう》（三六頁）・発願廻向《ほつがんえこう》（八九頁）などである。第四に、平易な分かり易い説明の中にも、決して厳密な考証を疎《おろそ》かにされてはいない。大谷師にはすでに『定本五帖御文』（上下二巻、河出書房新社、昭和六十年）の出版がある。厳密な原典の校訂と解説や克明な索引・年表等が附せられて、学問的にすぐれているばかりではなく、便利この上もないものである。この基礎的作業の上に本書がある。

第五に、御文に時として見られる文章の不備や問題のある点は、率直に指摘せられ（一二八頁、一五一頁、二三〇頁等）、批判的精神をもって対処されている。

第六に、文脈に沿った無理のない理解がなされ、御文に見られるさりげない表現にも心を配り、何度も文章を往復して、御文の中に貫く鉱脈を掘り起こす作業をされている。例えば、「なにのやうもなく」（二〇六頁、二四五頁）とか、「さてしもあるべき事ならねば」（一八二頁）など、見逃してしまいそうなことば使いにも、細かい配慮が加えられている。

五

本書の著者、大谷暢順師は、昭和四年、親鸞聖人・蓮如上人直系の京都・大谷家に生をうけられ、平成八年には本願寺門跡に就任。学問の道では、生涯を蓮如上人研究にかけてこられた。『御文』の講者としては、当代この方を措いてほかにない最適任者である。

かつて東京大学印度哲学科で仏教学を学び、大学院はフランス文学科に進み、さらにパリ大学文学部とソルボンヌ高等学院に留学すること前後合わせて凡そ八年、昭和六十一年には「御文を通じて見たる蓮如上人の教理と実践」によってパリ第七大学より文学博士の学位を得られた。日本では、かつて京都外国語大学教授・名古屋外国語大学教授（現在、名誉教授）として活躍。著書に『歎異抄私解《たんにしよう》』（アインブックス、昭和四十八年）、『蓮如上人全集』一〜四（中央公論社、平成十年）と既述の『定本五帖御文』などに加えて、フランス文化理解のための異色の出版として『聖ジャンヌ＝ダルク』（河出書房新社、昭和六十一年）『ジャンヌ・ダルクと蓮如』（岩波新書、平成八年）がある。またフランスでは日本文化の紹介に尽力せられ、『歎異抄』の仏語訳をはじめ、『親鸞聖人集』として『正信偈』『正像末和讃《しようぞうまつわさん》』の仏語訳、安部公房の小説『他人の顔』の仏語訳など、日仏文化の交流に尽くされた。昭和六十三年にはフランス共和国からパルム・アカデミック勲章を受けられるなど、その業績は国際的で誠に輝かしいものがある。

今ここに私の解説を加えることは、全くの蛇足であり、かえって本書を汚すことになりはしないかを恐れる。ただ筆者としては一人でも多くの方が、本書によって『御文』の真意を理解して下さればと思ったままでである。

合掌

（文化功労者・愛知学院大学客員教授）

## 蓮如・「御文」略年表

〈○印は「この頃」、丸囲み数字は五帖御文の帖数を表わす〉

| 和暦 | 西暦 | 年齢 | 事蹟 |
|---|---|---|---|
| 応永22 | 一四一五 | 1 | 2月 京都東山の大谷で生まれる |
| 27 | 一四二〇 | 6 | 12月 生母、大谷を去る |
| 永享1 | 一四二九 | 15 | ｜ 真宗再興の志を起こす |
| 3 | 一四三一 | 17 | 夏 青蓮院で得度 |
| 12 | 一四四〇 | 26 | 10月 巧如（本願寺6世）没 |
| 文安3 | 一四四六 | 32 | ○ 坂東へ下向〔第1回東国下向〕 |
| 長禄1 | 一四五七 | 43 | 6月 存如（本願寺7世）没、本願寺8世となる |
| 寛正1 | 一四六〇 | 46 | ｜ 寛正の大飢饉 |
| 2 | 一四六一 | 47 | 3月 紀年最古の御文（帖外御文）を書く |
| 6 | 一四六五 | 51 | 1月 延暦寺衆徒、大谷本願寺を破却〔寛正の法難〕 |
| 文正1 | 一四六六 | 52 | ○ 山門に抗し、近江金森・堅田で史上初の一向一揆 |
| | | | 近江野洲・栗太郡の真宗道場・門徒間を移動 |
| | | | 11月 金森で報恩講勤修 |
| | | | ｜ 長男・順如に本願寺留守職譲状を書く |
| 応仁1 | 一四六七 | 53 | 2月 親鸞像を堅田・本福寺に移す |
| | | | 11月 堅田下向、報恩講勤修 |
| 2 | 一四六八 | 54 | 3月 本願寺留守職譲状を五男・光養丸（のちの実如）に書く |
| | | | 延暦寺が堅田を攻撃〔堅田大責〕 |
| | | | 4月 帖外御文「夢中文」 |
| | | | 10月 大津から吉野・十津河へ赴く〔帖外御文「（吉野紀行）」〕 |

| | | | | |
|---|---|---|---|---|
| 文明1 | 一四六九 | 55 | ｜ | 三井寺南別所に坊舎建立（近松御坊・顕証寺） |
| | | | ○ | 東国修行に赴く〔第2回東国下向〕 |
| 3 | 一四七一 | 57 | 5月 | 北陸吉崎へ下向 |
| | | | 7月 | 五帖御文①-1、①-2 |
| | | | | 越前細呂宜郷内吉崎に坊舎建立（吉崎御坊） |
| | | | 12月 | 五帖御文①-3 |
| | | | ｜ | 五帖御文⑤-10 |
| 4 | 一四七二 | 58 | 11月 | 五帖御文①-4 |
| 5 | 一四七三 | 59 | 2月 | 五帖御文①-5 |
| | | | 4月 | 五帖御文①-6 |
| | | | 8月 | 五帖御文①-7 |
| | | | 9月 | 五帖御文①-8、①-9、①-10、①-11、①-12、①-13、①-14、①-15 |
| | | | 12月 | 五帖御文②-1、②-2 |
| 6 | 一四七四 | 60 | 1月 | 五帖御文②-3 |
| | | | 2月 | 五帖御文②-4、②-5、②-6 |
| | | | 3月 | 五帖御文②-7、②-8、②-9 |
| | | | 5月 | 五帖御文②-10、②-11 |
| | | | 6月 | 五帖御文②-12 |
| | | | 7月 | 文明の加賀一向一揆 |
| | | | | 五帖御文②-13、②-14、②-15、③-1 |
| | | | 8月 | 五帖御文③-2、③-3、③-4 |
| | | | 9月 | 五帖御文③-5 |
| | | | 10月 | 一揆勢、富樫幸千代方の蓮台寺城を陥れる |
| | | | | 五帖御文③-6 |
| | | | 11月 | 五帖御文⑤-11 |

| | | | | |
|---|---|---|---|---|
| 7 | 一四七五 | 61 | 2月 | 五帖御文③-7、③-8 |
| | | | 3月 | 加賀一向一揆勢、富樫政親に敗れ、越中へ敗走 |
| | | | 5月 | 五帖御文③-9 |
| | | | 7月 | 坂東を目指し、越中井波瑞泉寺まで下向〔第3回東国下向〕 |
| | | | | 五帖御文③-10 |
| | | | 8月 | 吉崎御坊退去、河内出口に向かう |
| | | | 11月 | 五帖御文③-11 |
| | | | ○ | 一揆扇動者・下間蓮崇、越前へ逐電 |
| 8 | 一四七六 | 62 | 1月 | 五帖御文③-12 |
| | | | 7月 | 五帖御文③-13 |
| 9 | 一四七七 | 63 | 1月 | 五帖御文④-1 |
| | | | 9月 | 五帖御文④-2、④-3 |
| | | | 12月 | 五帖御文④-4 |
| 10 | 一四七八 | 64 | 1月 | 山科に坊舎を建て、出口より移る（山科本願寺） |
| 11 | 一四七九 | 65 | 12月 | 堅田・本福寺の法住没 |
| 12 | 一四八〇 | 66 | 2月 | 山科本願寺に御影堂建立 |
| | | | 8月 | 日野富子が本願寺を訪れ、御影堂を見る |
| | | | 11月 | 山科本願寺で報恩講勤修 |
| 13 | 一四八一 | 67 | 4月 | 阿弥陀堂（本堂）棟上 |
| | | | 6月 | 山科本願寺で存如上人25回忌法要 |
| 14 | 一四八二 | 68 | 6月 | 阿弥陀堂に本尊を据える |
| | | | 11月 | 五帖御文④-5 |
| | | | ― | 仏光寺の経豪が本願寺帰参 |
| 15 | 一四八三 | 69 | 5月 | 長男・順如没 |
| | | | 8月 | 湯治のため摂津有馬へ赴く（帖外御文「(有馬紀行)」） |

| | | | | |
|---|---|---|---|---|
| | | | 11月 | 五帖御文④-6 |
| 16 | 一四八四 | 70 | 11月 | 五帖御文④-7 |
| 17 | 一四八五 | 71 | 11月 | 五帖御文④-8 |
| 18 | 一四八六 | 72 | 3月 | 紀伊へ旅に出る（帖外御文「（紀州紀行）」） |
| 長享2 | 一四八八 | 74 | 6月 | 長享の加賀一向一揆 |
| 延徳1 | 一四八九 | 75 | 8月 | 山科本願寺南殿に隠居 |
| 2 | 一四九〇 | 76 | 7月 | 香衣を勅許される |
| | | | 10月 | 本願寺留守職譲状を実如（本願寺9世）に与える |
| 明応1 | 一四九二 | 78 | 2月 | 本福寺に再建料を寄付（堅田新在家御坊） |
| | | | 6月 | 五帖御文④-9 |
| 5 | 一四九六 | 82 | 5月 | 堅田新在家御坊へ下向 |
| | | | 9月 | 大坂生玉庄に御坊建立（のちの石山本願寺） |
| | | | 10月 | 大坂御坊で報恩講勤修 |
| 6 | 一四九七 | 83 | 2月 | 五帖御文⑤-8 |
| | | | 5月 | 五帖御文④-11 |
| | | | 11月 | 大坂御坊完成、大坂御坊で報恩講勤修 |
| | | | ｜ | 病にかかる |
| | | | | 五帖御文④-10、⑤-5、⑤-6 |
| 7 | 一四九八 | 84 | 2月 | 五帖御文④-12 |
| | | | 3月 | 五帖御文⑤-14 |
| | | | 初夏 | 五帖御文④-13 |
| | | | 4月 | 再び病にかかる |
| | | | | 五帖御文④-14 |
| | | | 5月 | 親鸞聖人への暇乞いに上洛、御影堂へ参拝 |
| | | | | 帖外御文「夏の御文」第1、第2 |

| | | | | |
|---|---|---|---|---|
| 8 | 一四九九 | 85 | 6月 | 帖外御文「夏の御文」第3 |
| | | | 7月 | 帖外御文「夏の御文」第4 |
| | | | 10月 | 五帖御文⑤-9 |
| | | | 11月 | 五帖御文④-15 |
| | | | ― | 五帖御文⑤-4 |
| | | | 2月 | 大坂御坊に葬所用意、のち山科本願寺に変更 |
| | | | | 蓮崇を不憫がり居所を尋ねさせ対面し、赦免 |
| | | | 3月 | 85歳で往生、数万人が遺骸を拝む |
| | | | 4月 | 蓮如遺言を兄弟中の申し定めとして40箇条にまとめる |

## 本願寺略系図（日野一流系図・大谷嫡流実記ほかによる）

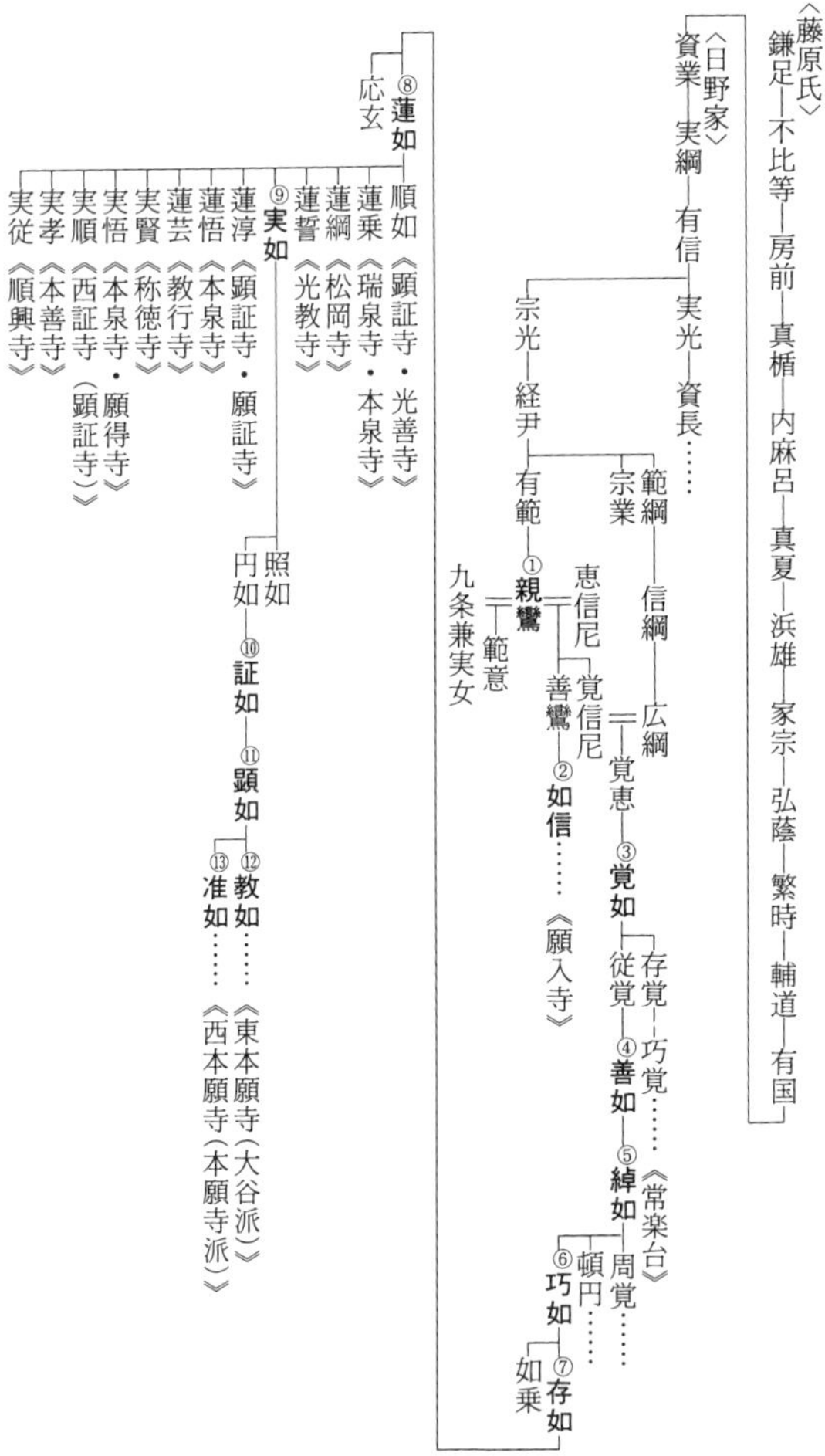

〈藤原氏〉
鎌足—不比等—房前—真楯—内麻呂—真夏—浜雄—家宗—弘蔭—繁時—輔道—有国
〈日野家〉
資業—実綱—有信
実光—資長……
宗光—経尹
範綱—信綱—広綱
宗業
有範—①親鸞
恵信尼
九条兼実女
範意
覚信尼
善鸞—②如信……《願入寺》
覚恵—③覚如
存覚—巧覚……《常楽台》
従覚—④善如—⑤綽如
周覚……
頓円……
⑥巧如—⑦存如
如乗
⑧蓮如
応玄
順如《顕証寺・光善寺》
蓮乗《瑞泉寺・本泉寺》
蓮綱《松岡寺》
蓮誓《光教寺》
⑨実如
蓮淳《顕証寺・願証寺》
蓮悟《本泉寺》
蓮芸《教行寺》
実賢《称徳寺》
実悟《本泉寺・願得寺》
実順《西証寺（顕証寺）》
実孝《本善寺》
実従《順興寺》
照如
円如—⑩証如—⑪顕如
⑫教如……《東本願寺（大谷派）》
⑬准如……《西本願寺（本願寺派）》

## 関係人物略歴

**親鸞**《しんらん》　承安3年(1173)生、弘長2年(1262)没。治承5年(1181)延暦寺青蓮院門跡《しょうれんいんもんぜき》・慈円《じえん》につき得度、延暦寺堂僧を勤める。29歳の時、六角堂に百日参籠、聖徳太子の夢告を受け、法然《ほうねん》房源空《げんくう》の専修《せんじゅ》念仏に帰依《きえ》。承元元年(1207)興福寺の弾圧により越後国府に配流《はいる》（承元《しょうげん》の法難《ほうなん》）。建暦元年(1211)赦免後も越後で布教、のち関東に移り、多くの門徒を得る（高田専修寺派などはこの系統）。貞永元年(1232)頃京都に戻る。90歳で病没後、東山大谷に葬られた。著／顕浄土真実教行証文類《けんじょうどしんじつきょうぎょうしょうもんるい》（教行信証《きょうぎょうしんしょう》）・三帖和讃《さんじょうわさん》・浄土文類聚鈔《じょうどもんるいじゅしょう》・愚禿鈔《ぐとくしょう》・入出二門偈頌《にゅうしゅつにもんげじゅ》・浄土三経往生文類《じょうどさんぎょうおうじょうもんるい》・尊号真像銘文《そんごうしんぞうめいもん》・一念多念文意《いちねんたねんもんい》・唯信鈔文意《ゆいしんしょうもんい》・如来二種廻向文《にょらいにしゅえこうもん》ほか。

**如信**《にょしん》　延応元年(1239)または嘉禎元年(1235)生、正安2年(1300)没。祖父・親鸞の薫陶を受け、父・善鸞《ぜんらん》とともに関東に下向したらしい。陸奥大網東山に居住し、多くの門徒を獲得、正安元年(1299)常陸金沢に移る。

**覚如**《かくにょ》　文永7年(1270)生、観応2年(1351)没。弘安9年(1286)出家。正安4年(1302)父・覚恵《かくえ》から大谷廟堂《びょうどう》の留守を譲られる。延慶3年(1310)留守職に就く。応長元年(1311)以降、越前諸国で布教。正和3年(1314)嫡男・存覚に留守職を譲る。伝／慕帰絵詞《ぼきえことば》・最須敬重絵詞《さいしゅきょうちょうえことば》。著／報恩講式《ほうおんこうしき》・親鸞伝絵《しんらんでんね》・拾遺古徳伝《しゅういことくでん》・執持鈔《しゅうじしょう》・口伝鈔《くでんしょう》・本願鈔《ほんがんしょう》・改邪鈔《かいじゃしょう》・願願鈔《がんがんしょう》・最要鈔《さいようしょう》ほか。

**存覚**《ぞんかく》　正応3年(1290)生、応安6年(1373)没。嘉元元年(1303)出家、応長元年(1311)以降、覚如に従い越前などへ下向。正和3年(1314)本願寺管領《かんれい》を覚如から譲られるが、二度の義絶・赦免ののち、文和2年(1353)今小路《いまこうじ》坊舎（常楽台《じょうらくだい》）に移る。初期本願寺教団の教学を整備し、後世に大きな影響を与えた。撰／歎徳文《たんどくもん》・浄典目録《じょうてんもくろく》。著／存覚一期記《いちごき》・存覚袖日記《そでにっき》・存覚法語《ほうご》・六要鈔《ろくようしょう》・持名鈔《じみょうしょう》・破邪顕正鈔《はじゃけんしょうしょう》・歩船鈔《ぶせんしょう》・女人往生聞書《にょにんおうじょうききがき》・法華問答《ほっけもんどう》・諸神本懐集《しょじんほんがいしゅう》ほか。

**善如《ぜんにょ》**　正慶2年(1333)生、康応元年(1389)没。暦応2年(1339)覚如置文で、父・従覚《じゅうかく》のあとの寺務職継職を定められた。覚如没後、本願寺継職。文和2年(1353)北朝から勅願寺《ちょくがんじ》の院宣《いんぜん》を受ける。

**綽如《しゃくにょ》**　観応元年(1350)生、明徳4年(1393)没。永和元年(1375)本願寺継職。至徳元年(1384)譲状を書き地方教化に赴く。杉谷慶善《すぎたにきょうぜん》を頼り越中に下向、杉谷に坊舎建立。外国皇帝からの書簡にあった難解な三文字を解読、返書を書いた褒美として周円上人の称と勅願寺の指定を賜ったと伝えられる。明徳元年、越中井波瑞泉寺《ずいせんじ》の勧進《かんじん》帳を書く。著／入出二《にゅうしゅつに》門偈《もんげ》引記《いんき》。

**巧如《ぎょうにょ》**　永和2年(1376)生、永享12年(1440)没。明徳4年(1393)本願寺継職。信濃浄興寺《じょうこうじ》ほかに聖教《しょうぎょう》類を下付、本願寺発展の基礎を築いた。

**存如《ぞんにょ》**　応永3年(1396)生、康正3年(1457)没。永享8年(1436)本願寺継職。永享10年頃、大谷本願寺に阿弥陀堂を造営。聖教類を各地門徒に下付、また「正信偈《しょうしんげ》」を教行信証から抄出・単行する。北陸で勢力を広め、本願寺が蓮如の時代に発展する基礎を整えた。

**蓮如《れんにょ》**　応永22年(1415)生、明応8年(1499)没。6歳で生母と別離。永享元年(1429)15歳で真宗再興の志を立て、永享3年に青蓮院で得度。大乗院《だいじょういん》門跡・経覚《きょうかく》につき、法相《ほっそう》宗も学ぶ。生涯に三度東国修行に出たほか、しばしば近江に下向し、教化に努めた。長禄元年(1457)異母弟・応玄《おうげん》との継職争いに勝ち、43歳で本願寺を継職。寛正6年(1465)山門の大谷本願寺破却《はきゃく》(寛正《かんしょう》の法難《ほうなん》)後、門徒間を転々とし、近江大津三井寺南別所に近《ちか》松御坊《まつごぼう》を構える。文明3年(1471)越前に下向し、吉崎《よしざき》御坊を建立、北陸で無数の門徒を獲得した。「御文」の大半は吉崎時代に書かれた。文明7年吉崎を退去、河内出口へ移り、畿内・近江での布教に専念する。摂津富田《とんだ》・和泉堺に坊舎を建立、文明10年には山科に本願寺を再建する。この頃から、仏光寺経豪《ぶっこうじきょうごう》・毫摂寺善鎮《ごうしょうじぜんちん》・錦《きん》織寺勝恵《しょくじしょうえ》など真宗諸派指導者が帰参《きさん》、本願寺は他派を圧倒する一大勢力となる。延徳元年(1489)実如に本願寺住持を譲り、山科南殿に隠居。明応5年(1496)摂津に大坂御坊を建立(のちの石山本願寺)。無数の六字名号《ろくじみょうごう》を下付し、声明《しょうみょう》を正信偈・和讃に統一した。各地の門徒を「講」に編成したほか、自ら門徒の在所に足を運び、ひざ詰めでやさしく語りかけ、多数の門徒を魅了した。生涯に13男・14女を儲け、男子は各地の寺坊に配し、本願寺の支柱とした。旅をこよなく愛し、老齢になっても元気に各地に出かけたが、明応8年に山科南殿で85歳の生涯を閉じた。著/御文《おふみ》・正信偈註《しょうしんげちゅう》・正信偈大意《しょうしんげたいい》。

**如了**《にょりょう》 康正元年(1455)没。伊勢貞房娘。蓮如室。順如以下、4男・3女を産む。

**蓮祐**《れんゆう》 文明2年(1470)没。如了妹。蓮如継室。実如以下、3男・7女を産む。

**如勝**《にょしょう》 文安5年(1448)?生、文明10年(1478)没。「上臈山名一類」(日野一流系図)。蓮如継室。妙勝(錦織寺勝恵妻)・妙悟(真宗寺浄尊妻/大谷嫡流実記による)を産む。

**宗如**《しゅうにょ》 姉小路昌家娘。蓮如継室。蓮周(超勝寺蓮超妻)・蓮芸を産む。

**蓮能**《れんのう》 寛正6年(1465)生、永正15年(1518)没。畠山政栄娘。蓮如継室。実賢以下、5男・2女を産む。蓮如没後、出家し真如院を号す。

**実如**《じつにょ》 長禄2年(1458)生、大永5年(1525)没。応仁2年(1468)本願寺継嗣となる。延徳元年(1489)継職、山科本願寺北殿で寺務を執る。永正4年(1507)近江堅田に避難し、2年間滞在。永正15年(1518)頃、三ヶ条の禁制を発し、一向一揆《いっこういっき》を抑制した。永正18年(1521)践祚《せんそ》後22年の後柏原《ごかしわばら》天皇即位を実現、香衣《こうい》を勅許《ちょっきょ》される。儀式・声明作法の統一、新坊建立の禁止、一門一家制の制定などを行い、本願寺教団を整備した。著/往生《おうじょう》明文鈔《みょうもんしょう》。

**蓮悟**《れんご》 応仁2年(1468)生、天文12年(1543)没。加賀本泉寺《ほんせんじ》住持。享禄《きょうろく》4年(1531)の錯乱《さくらん》(大小一揆、北陸一向一揆勢の内紛)で、加賀三ヶ寺(本泉寺・松岡寺《しょうこうじ》・光教寺《こうきょうじ》）方は敗北、証如の勘気《かんき》を受け隠居した。撰／蓮如上人遺徳記《れんにょしょうにんいとくき》。著／蓮如《れんにょ》上人御一代聞書《しょうにんごいちだいききがき》・蓮如上人 御物語次第《れんにょしょうにんおんものがたりしだい》。

**実賢**《じつけん》　延徳2年（1490）生、大永3年（1523）没。永正3年（1506）実如に抗した河内門徒に擁立され、勘気を受け大坂御坊退去。赦免後、山科本願寺に住し、のち堅田称徳寺《しょうとくじ》（慈敬寺《じきょうじ》）に入る。

**実悟**《じつご》　明応元年（1492）生、天正11年（1583）没。蓮悟の養子となり、本泉寺入寺、のち加賀清沢坊願《がん》得寺《とくじ》住持。享禄の錯乱で証如の勘気を受け、諸国を流浪。天文19年（1550）赦免後、河内古橋坊に入る（のち、願得寺と改称）。多数の聖教書写、系図・記録整理を行った。著／天正三年記《てんしょうさんねんき》・蓮《れん》如上人一語記《にょしょうにんいちごき》（実悟旧記《じつごきゅうき》）・蓮如上人遺徳記《れんにょしょうにんいとくき》・蓮如上人仰条々《れんにょしょうにんおおせじょうじょう》・蓮如上人御一期記《れんにょしょうにんごいちごき》・山科《やましな》御坊事并其時代事《ごぼうことならびにそのじだいこと》・本願寺作法之次第《ほんがんじさほうのしだい》・拾塵《しゅうじん》記《き》・蓮如上人塵拾鈔《れんにょしょうにんじんしゅうしょう》・聖教目録聞書《しょうぎょうもくろくききがき》・日野《ひの》一流系図《いちりゅうけいず》・下間系図《しもつまけいず》ほか。

**実孝**《じっこう》　明応4年（1495）生、天文22年（1553）没。出家後、門徒に請われ、大和飯貝本善寺《ほんぜんじ》に入る。本願寺一家衆として吉野門徒の指導・統率にあたる。著／実如上人闍維中陰録《じつにょしょうにんじゃゆいちゅういんろく》・蓮能御往生記《れんのうごおうじょうき》・蓮淳葬送中陰記《れんじゅんそうそうちゅういんき》・蓮芸葬中陰記《れんげいそうちゅういんき》・実賢葬中陰記《じつけんそうちゅういんき》・皆成院実孝書《かいじょういんじっこうしょ》。

**実従**《じつじゅう》　明応7年（1498）生、永禄7年（1564）没。証如代に順興寺《じゅんこうじ》号を授かり、永禄2年枚方《ひらかた》御坊に入り、順興寺と称す。著／私心記《ししんき》（日記）。

**証如**《しょうにょ》　永正13年（1516）生、天文23年（1554）没。大永5年（1525）10歳で実如から譲状を授かり、実如没後本願寺継職。享禄の錯乱を契機として、加賀の本願寺直領化を果たす。天文元年法華宗徒らに山科本願寺を焼き討ちされ、大坂御坊に移り、新たな本願寺とする（石山本願寺）。天文《てんぶん》法華《ほっけ》の乱《らん》（天文5年）では法華宗徒攻撃に加わる。天文18年権大僧正補任《ごんのだいそうじょうぶにん》。本願寺の系図を整備した。著／天文日記《てんぶんにっき》。

KODANSHA

本書は、一九九一年六月、河出書房新社刊
『蓮如［御文］読本』を底本とした。

大谷暢順（おおたに　ちょうじゅん）

1929年京都生まれ。東京大学文学部，ソルボンヌ高等学院卒業。パリー第7大学文学博士。名古屋外国語大学名誉教授。フランスパルム・アカデミック勲章受章。現在，本願寺門跡，本願寺維持財団理事長。著書に『蓮如上人全集』『定本五帖御文』『親鸞聖人集』（仏語）『御文を通じて見たる蓮如上人の教理と実践』（仏語）『ジャンヌ・ダルクと蓮如』，訳書に安部公房『他人の顔』（仏訳）などがある。

講談社学術文庫

定価はカバーに表示してあります。

蓮如《れんによ》［御文《おふみ》］読本《とくほん》

大谷暢順《おおたにちようじゆん》

2001年3月10日　第1刷発行
2023年6月9日　第16刷発行

発行者　鈴木章一
発行所　株式会社講談社
東京都文京区音羽2-12-21 〒112-8001
電話　編集（03）5395-3512
販売（03）5395-4415
業務（03）5395-3615
装　幀　蟹江征治
印　刷　株式会社広済堂ネクスト
製　本　株式会社国宝社



ISBN4-06-159476-1

# 「講談社学術文庫」の刊行に当たって

これは、学術をポケットに入れることをモットーとして生まれた文庫である。学術は少年の心を養い、成年の心を満たす。その学術がポケットにはいる形で、万人のものになることは、生涯教育をうたう現代の理想である。

こうした考え方は、学術を巨大な城のように見る世間の常識に反するかもしれない。また、一部の人たちからは、学術の権威をおとすものと非難されるかもしれない。しかし、それはいずれも学術の新しい在り方を解しないものといわざるをえない。

学術は、まず魔術への挑戦から始まった。やがて、いわゆる常識をつぎつぎに改めていった。学術の権威は、幾百年、幾千年にわたる、苦しい戦いの成果である。こうしてきずきあげられた城が、一見して近づきがたいものにうつるのは、そのためである。しかし、学術の権威を、その形の上だけで判断してはならない。その生成のあとをかえりみれば、その根は常に人々の生活の中にあった。学術が大きな力たりうるのはそのためであって、生活をはなれた学術は、どこにもない。

開かれた社会といわれる現代にとって、これはまったく自明である。生活と学術との間に、もし距離があるとすれば、何をおいてもこれを埋めねばならない。もしこの距離が形の上の迷信からきているとすれば、その迷信をうち破らねばならぬ。

学術文庫は、内外の迷信を打破し、学術のために新しい天地をひらく意図をもって生まれた。文庫という小さい形と、学術という壮大な城とが、完全に両立するためには、なおいくらかの時を必要とするであろう。しかし、学術をポケットにした社会が、人間の生活にとってより豊かな社会であることは、たしかである。そうした社会の実現のために、文庫の世界に新しいジャンルを加えることができれば幸いである。

一九七六年六月

野間省一

# 宗教

## 死海写本 「最古の聖書」を読む
土岐健治著

さまざまな解釈を生み、世界を騒がせてきた「最古の聖書」には何が書かれているのか。書き残したクムラン宗団とはいかなる思想を持っていたのか……。膨大な研究成果をコンパクトにまとめた、最良の解説書。

2321

## ユダとは誰か 原始キリスト教と『ユダの福音書』の中のユダ
荒井　献著

イエスへの裏切りという「負の遺産」はどう読み解くべきなのか。ユダを「赦し」と「救い」から排除した原始キリスト教における思想的・政治的力学とはなにか。隠された真のユダ像を追った歴史的探究の成果。

2329

## 唯識の思想
横山紘一著

唯《た》だ心だけが存在する――。不可思議にして深遠な心の構造を観察・分析し、そのありよう＝八種の識を解き明かす唯識とは何か。この古くて新しい、大乗仏教の普遍的な根本思想の世界へといざなう最良の入門書。

2358

## 『新約聖書』の誕生
加藤　隆著

イエス死後の三百年間に何が起きたのか。「後発」で「特殊」な文書集が権威となりえた秘密は何か。教団主流派が「異端」活動の果実を巧みに取り入れ、聖なる「テキスト共同体」を作り出すまでを明らかにする。

2401

## キリスト教の歳時記 知っておきたい教会の文化
八木谷涼子著

世界中のキリスト教会が備えている一年サイクルの暦。イエスやマリアに関わる日を中心に、諸聖人を記念した祝祭日で種々の期節が彩られる。クリスマス、イースターはじめ、西方・東方ほか各教派の祝祭日を詳述。

2404

## 新版 法然と親鸞の信仰
倉田百三《ひゃくぞう》著（解説・稲垣友美）

信仰は思想ではない。生きることそのものなのだ！『出家とその弟子』で知られる求道的文学者が、「一枚起請文」と「歎異鈔」の世界に深く分け入り、情熱をこめて信仰と人生を語り説く。感動の仏教入門。

2432

《講談社学術文庫　既刊より》

## 宗教

竹村牧男著
**親鸞と一遍**　日本浄土教とは何か

無の深淵が口をあけ虚無の底に降り立った中世日本に日本浄土教を大成した二人の祖師。信心と名号、全く対照的な思索を展開した両者の教えの精緻な読み込みを通して日本人の仏教観の核に鋭く迫った清新な論考。

2435

浅野裕一著
**儒教**　怨念と復讐の宗教

儒者たちにとって、最も厄介な書物は『論語』であり、最も困った人物は孔子だった！　みじめな人生を送った男のルサンチマンを刻み込み、東アジア世界の精神的紐帯として機能してきた不思議な宗教の正体と歴史。

2442

大谷哲夫全訳注
**道元「宝慶記《ほうきょうき》」**

真の仏法を求めて入宋した道元禅師は、天童山でついに正師たる如浄に巡り会った。情熱をもって重ねられる問を受けとめる師の喜び。正しい教えを得た弟子の感激。八百年の時空を超えて伝わる求道と感激の書！

2443

マルティン・ルター著／深井智朗訳
**宗教改革三大文書**　付「九五箇条の提題」

記念碑的な文書「九五箇条の提題」とともに、一五二〇年に公刊され、宗教改革を決定づけた『キリスト教界の改善について』、『教会のバビロン捕囚について』、『キリスト者の自由について』を新訳で収録した決定版。

2456

秦　剛平訳
**七十人訳ギリシア語聖書**　モーセ五書

前三世紀頃、七十二人のユダヤ人長老がヘブライ語聖書をギリシア語に訳しはじめた。この通称「七十人訳」こそ、現存する最古の体系的聖書でありイエスの時代の聖書である。西洋文明の基礎文献、待望の文庫化！

2465

藤代泰三著（解説・佐藤　優）
**キリスト教史**

イエスの十字架から教会制度、神学思想、宣教などの変遷を、古代から現代まで描ききり、キリスト教史の枠組みのなかで日本のキリスト教を捉え直す。世界宗教の二〇〇〇年史をこの一冊で一望できる決定版！

2471

小河　陽訳（図版構成・石原綱成）
**ヨハネの黙示録**
正体不明の預言者ヨハネが見た、神の審判による世界の終わりの幻。最後の裁きは究極の破滅か、永遠の救いか――？　新約聖書の中で異彩を放つ謎多き正典のすべてを、現代語訳と八十点余の図像で解き明かす。
2496

山本ひろ子著
**変成譜《へんじょうふ》**　中世神仏習合の世界
神仏習合の多彩な展開に、心身と世界の変革＝「変成（へんじょう）」という宗教運動を見出した、著者渾身の作。中世という激動の新世界、その遠大な闇と強烈な救済の光に、日本随一の宗教思想史研究者が迫る！
2520

源信著／川崎庸之・秋山　虔・土田直鎮訳
**往生要集**　全現代語訳
平安時代中期の僧・源信が末法の世に惑う人びとに往生の方法を説くため、念仏を唱えることの重要性と、「地獄」「極楽」の概念を平易に示した日本浄土教史上最重要の書。三人の碩学が現代語訳として甦らせた。
2523

植木雅俊著
**差別の超克**　原始仏教と法華経の人間観
女性は成仏できない（女人五障）、父・夫・子に従え（三従）とする仏教は、女性を蔑視しているのではないか？――古くて新しい批判に対し、サンスクリット、漢訳からの豊富な引用で真っ向から対峙する。
2530

鎌田茂雄著
**観音さま**
苦しみの中でその名を称えれば、病や厄災から救ってくれる……。インド、中国、日本で愛され続けてきた〈観音さま〉は、いつ、どこで生まれたのか。人はなぜ観音を信じるのか。「観音信仰」の真髄に迫る！
2531

梶山雄一／小林信彦／立川武蔵／御牧克己訳注（解説・馬場紀寿）
完訳　**ブッダチャリタ**
ゴータマ・ブッダの誕生から解脱、死と遺骨の分配まで――。2世紀のインド仏教文学最高傑作を、幻といわれた欠落後半部まで丁寧に回収。全二八章を揃え、可能な限り忠実に原典を再現した唯一の完全翻訳版！
2549

鎌田茂雄著
仏陀の観《み》たもの
仏教は一体どんな宗教であり、どういう教えを説いてきたのだろうか。本書は難解な仏教の世界をその基本構造から説き起こし、仏教の今日的な存在意義を明らかにする。只今を生きる人のための仏教入門書。
174

中田祝夫《のりお》全訳注
日本霊異記《りょういき》（上）（中）（下）
日本霊異記は、南都薬師寺僧景戒の著で、日本最初の仏教説話集。雄略天皇（五世紀）から奈良末期までの説話百二十篇ほどを収めて延暦六年（七八七）に成立。奇怪譚・霊異譚に満ちている。（全三巻）
335〜337

増谷文雄《ますたにふみお》著
釈尊のさとり
長年に亘って釈尊の本当の姿を求めつづけた著者は、ついに釈尊の菩提樹下の大覚成就、すなわち「さとり」こそ直観であったという結論を導き出した。釈尊の真実の姿を説き明かした仏教入門の白眉の書。
344

鎌田茂雄著
禅とはなにか
禅に関心をよせる人は多い。だが、禅を理解することは難しい。本書は、著者自らの禅修行の体験を踏まえ、禅の思想や禅者の生き方、また禅を現代にどう生かすか等々、禅の全てについて分りやすく説く。
409

梅原　猛著（解説・宮坂宥勝）
空海の思想について
「大師は空海にとられ」といわれるように、宗派を越え、一般庶民大衆に尊崇されてきた空海であったが、その思想は難解さの故に敬遠されてきた。本書はその空海の思想に真向から肉薄した意欲作である。
460

高橋保行著
ギリシャ正教
今なおキリスト教本来の伝統を保持しているギリシャ正教。その全貌が初めて明らかにされるとともに、キリスト教は西洋のものとする通念を排し、西洋のキリスト教とその文化の源泉をも問い直す注目の書。
500

## 宗教

内村鑑三著（解説・山本七平）
### キリスト教問答
近代日本を代表するキリスト教思想家内村鑑三が、信仰と人生を語る名著。「来世は有るや無きや」などキリスト教の八つの基本問題に対して、はぎれよく簡明に答えるとともに、人生の指針を与えてくれる。

531

友松圓諦著（解説・奈良康明）
### 法句経《ほっくきょう》講義
原始仏教のみずみずしい感性を再興し、昭和の仏教改革運動の起点となった書。法句経の名を天下に知らしめるとともに、仏教の真の姿を提示した。混迷を深める現代日本の精神文化に力強い指針を与える書。

533

暁烏《あけがらす》　敏《はや》著（解説・松永伍一）
### 歎異抄《たんにしょう》講話
本書は、明治期まで秘義書とされた『歎異抄』をはじめて公衆に説き示し、その真価を広く一般に知らしめた画期的な書である。文章の解釈、さらに種々の角度からの解説により、『歎異抄』の真髄に迫る。

547

友松圓諦著（解説・友松諦道）
### 仏教聖典
釈尊の求道と布教の姿を、最古の仏典を素材にして格調高い文章で再現した仏教聖典の決定版。全日本仏教会の推薦を受け、広く各宗派にわたって支持され、全国にあまねくゆきわたった、人生の伴侶となる書。

550

凝然大徳《ぎょうねんだいとく》著／鎌田茂雄全訳注
### 八宗綱要《はっしゅうこうよう》　仏教を真によく知るための本
仏教の教理の基本構造を簡潔に説き明かした名著。凝然大徳の『八宗綱要』は今日なお仏教概論として最高のものといわれている。その原文に忠実に全注釈を加えた本書は、まさに初学者必携の書といえる。

555

酒井得元《とくげん》著（解説・鎌田茂雄）
### 沢木興道《さわきこうどう》聞き書き　ある禅者の生涯
沢木興道老師の言葉には寸毫の虚飾もごまかしもない。ここには老師の清らかに、真実に、徹底して生きぬいた一人の禅者の珠玉の言葉がちりばめられている。近代における不世出の禅者、沢木老師の伝記。

639

《講談社学術文庫　既刊より》

## 宗教

**法句経《ほっくきょう》**
友松圓諦著（解説・奈良康明）
法句経は、お経の中の「論語」に例えられる釈尊の人生訓をしるしたお経。宗教革新の意気に燃え、人間平等の人格主義を貫く青年釈尊のラジカルな思想を、四百二十三の詩句に謳いあげた真理の詞華集である。
679

**神の慰めの書**
M・エックハルト著／相原信作訳（解説・上田閑照）
「脱却して自由」「我が苦悩こそ神なれ、神こそ我が苦悩なれ」と好んで語る中世ドイツの神秘思想家エックハルトが、己れの信ずるところを余すところなく説いた不朽の名著。格調高い名訳で、神の本質に迫る。
690

**禅と日本文化**
柳田聖山《せいざん》著
禅とは何か。禅が日本人の心と文化に及ぼした影響、またその今日的課題とは何か。これら禅の基本的テーゼが明快に説かれるとともに、禅からの問いかけとして〈現代〉への根本的な問題が提起されている。
707

**参禅入門**
大森曹玄《そうげん》著（解説・寺山旦中）
禅を学ぶには理論や思想も必要であるが、実践的には直接正師につくことが第一である。本書は「わが修道の記録」と自任する著者が、みずからの体験に照らして整然と体系化した文字禅の代表的な指南書。
717

**般若心経《はんにゃしんぎょう》講話**
鎌田茂雄著
数多くのお経の中で『般若心経』ほど人々に親しまれているものはない。わずか二六二文字の中に、無限の真理と哲学が溢れているからである。本書は字句の解釈に捉われることなく、そのこころを明らかにした。
756

**正法眼蔵随聞記《しょうぼうげんぞうずいもんき》講話**
鎌田茂雄著
学道する人は如何にあるべきか、またその修行法や心構えについて生活の実際に即しながら弟子の懐奘に気骨をこめて語った道元禅師。その言葉を分かりやすく説きながら人間道元の姿を浮彫りにする。
785

## 華厳《けごん》の思想
鎌田茂雄著

限りあるもの、小さなものの中に、無限なるもの、大いなるものを見ようとする華厳の教えは、日本の茶道や華道の中にも生きている。日本人の心に生き続ける華厳思想を分り易く説いた仏教の基本と玄理。

827

## マホメット
井筒俊彦《いづつとしひこ》著（解説・牧野信也）

沙漠を渡る風の声、澄んだ夜空に縺れて光る星々。世に無道時代と呼ばれるイスラーム誕生前夜のアラビアの美しい風土と人間から説き起し、沙漠の宗教の誕生を描く。世界的に令名高い碩学による名著中の名著。

877

## 教《きょう》行《ぎょう》信《しん》証《しょう》入門
石田瑞麿《みずまろ》著

浄土の真実の心を考えるとき、如来の恵みである浄土に生まれる姿には、真実の教えと行と信とさとりがあるという。浄土真宗の根本をなす親鸞の「教行信証」を諄々と説きながらその思想にせまる格好の入門書。

902

## 維摩経《ゆいまぎょう》講話
鎌田茂雄著

維摩経は、大乗仏教の根本原理、すなわち煩悩即菩提《ぼんのうそくぼだい》を最もあざやかにとらえているといわれる。在家の信者の維摩居士が主役となって、出家者の菩薩や声聞を相手に、生活に即した教えを活殺自在に説き明かした。

919

## 道元禅師語録《どうげんぜんじごろく》
鏡島元隆《かがみしまげんりゅう》著

仏法の精髄を伝えて比類ない道元禅師の語録。道元の思想と信仰は、「正法眼蔵」と双璧をなす「永平広録」に最も鮮明かつ凝縮した形で伝えられている。思慮を傾けた高度な道元の言葉を平易な現代語訳で解説。

944

## 典座教訓《てんぞきょうくん》・赴粥飯法《ふしゅくはんぽう》
道元著／中村璋八他訳

典座とは、禅の修行道場における食事を司る役をいい、赴粥飯法とは、僧堂に赴いて食事を頂く作法をいう。両者の基本にあるものこそ真実の仏道修行そのものと説く。食の仏法の平等一如を唱えた道元の食の基本。

980

## 宗教

鎌田茂雄著
### 観音経《かんのんきょう》講話
宇宙の根本原理を説く観音経のこころ。時代と地域を超えて信仰されてきた観世音菩薩。そして最も広く読誦されてきた観音経。道元や明恵などの仮名法語を引用しつつ、観音経典の真髄を平易に解説した好著。

1000

鎌田茂雄著
### 法華経《ほけきょう》を読む
諸経の王たる「法華経」の根本思想を説く。文学的にも思想的にも古今独歩といわれる法華経。わずか七巻二十八品の経典の教えを、日蓮は「心の財第一なり」といった。混迷した現代を生きる人々にこそ必読書。

1112

荒井　献《ささぐ》著
### トマスによる福音書《ふくいんしょ》
キリスト教史上、最古・最大の異端グノーシス派によってつくられたトマス福音書。同書は資料的に正典福音書と匹敵する一方、同派ならではの独自なイエス像を示す。第一人者による異端の福音書の翻訳と解説。

1149

宮家《みやけ》　準《ひとし》著
### 日本の民俗宗教
従来、個々に解明されてきた民間伝承を宗教学の視点から捉えるため、日本人の原風景、儀礼、物語、図像等を考察。民俗宗教の世界観を総合的に把握し、日本の民間伝承を体系的に捉えた待望の民俗宗教論。

1152

小田垣雅也著
### キリスト教の歴史
イエス誕生から現代に至るキリスト教通史。旧約聖書を生んだユダヤの歴史から説き起こし、イエスと使徒たちによる布教やその後の教義の論争や改革運動を、世界史の中で解説した。キリスト教入門に最適の書。

1178

山田　晶著（解説・飯沼二郎）
### アウグスティヌス講話
アウグスティヌスの名著『告白』を綿密に分析し「青年期は放蕩者」とした通説を否定。また「創造と悪」の章では道元との共通点を指摘するなど著者独自の解釈が光る。第一人者が説く教父アウグスティヌスの実像。

1186

# 宗教

## 道教の神々
窪 徳忠著

道教の神々の素顔に迫る興味尽きない研究書。日本の習俗や信仰に多大の影響を及ぼした道教。鍾馗や竈の神など、中国唯一の固有宗教といわれる道教の神々を紹介。道教研究に新局面を拓いた著者の代表作。

1239

## 宗教学入門
脇本平也著（解説・山折哲雄）

人間生活に必要な宗教の機能と役割を説く。宗教学とは何か。信仰や伝道とは無縁の立場から世界の多宗教を客観的に比較考察。宗教を人間の生活現象の一つとして捉え、その基本知識を詳述した待望の入門書。

1294

## 玄奘三蔵《げんじょうさんぞう》 西域・インド紀行
慧立《えりゅう》・彦悰《げんそう》著／長澤和俊訳

天竺の仏法を求めた名僧玄奘の不屈の生涯。七世紀、大唐の時代に中央アジアの砂漠や天に至る山巓を越えて聖地インドを目ざした求法の旅。更に経典翻訳の大事業に生涯をかけた玄奘三蔵の最も信頼すべき伝記。

1334

## 仏陀のいいたかったこと
田上太秀《たがみたいしゅう》著（解説・湯田 豊）

釈尊の言動のうちに問い直す仏教思想の原点。霊魂の否定、宗教儀礼の排除、肉食肯定等々、釈尊の教えは日本仏教と異なるところが多い。釈尊は何を教えどこへ導こうとしたのか。仏教の始祖の本音を探る好著。

1422

## 夢中問答集
夢窓国師《むそうこくし》著／川瀬一馬校注・現代語訳

仏教の本質と禅の在り方を平易に説く法話集。悟達明眼の夢窓が在俗の武家政治家、足利直義の問いに懇切丁寧に答える。大乗の慈悲、坐禅と学問などについて、欲心を捨てることの大切さと仏道の要諦を指し示す。

1441

## 歎異抄
梅原 猛全訳注（解説・杉浦弘通）

大文字版

流麗な文章に秘められた生命への深い思想性。悪人正機、他力本願を説く親鸞の教えの本質とは何か。親鸞の苦悩と信仰の極みを弟子の唯円が書き綴った聖典を、詳細な語釈、現代語訳、丁寧な解説を付し読みとく。

1444

《講談社学術文庫　既刊より》

## 宗教

古田紹欽全訳注
栄西**喫茶養生記**

大文字版

日本に茶をもたらした栄西が説く茶の効用。中国から茶の実を携えて帰朝し、建仁寺に栽培して日本の茶の始祖となった栄西が著わした飲茶の効能の書。座禅時に眠けをはらう効用から、茶による養生法を説く。

1445

大谷《おおたに》暢順《ちょうじゅん》著(解説・前田恵學)
**蓮如「御文《おふみ》」読本**

真宗の思想の神髄を記した御文を読み解く。蓮如が認めた御文は衰微していた本願寺再興の切り札となった。親鸞の教えと蓮如の全思想が凝集している御文十通を丁寧に読み解き、真宗の信心の要訣を描き示す。

1476

金岡秀友校注
**般若心経**

大文字版

「般若心経」の法隆寺本をもとにした注釈書。「般若心経」の経典の本文は三百字に満たない。本書は法隆寺本梵文と和訳、玄奘による漢訳を通して、その原意と内容に迫る。仏教をさらに広く知るための最良の書。

1479

宮家　準著
**修験道**　その歴史と修行

平安時代末に成立した我が国固有の山岳信仰。山岳を神霊・祖霊のすまう霊地として崇め、シャーマニズム、道教、密教などの影響のもとに成立した我が国古来の修験道を、筆者の修行体験を基に研究・解明する。

1483

中村　元著
**龍樹**

一切は空である。大乗最大の思想家が今甦る。真実に存在するものはなく、すべては言葉にすぎない。深い思索と透徹した論理の主著『中論』を中心に、「八宗の祖」と謳われた巨人の「空の思想」の全体像に迫る。

1548

北森《きたもり》嘉蔵《かぞう》著
**聖書百話**

神とは誰か、信仰とは何か、そして人はいかに生きるべきか……。これらへの答えは聖書にある。神、イエス・キリスト、聖霊、信仰、教会、終末等々の主題の下に、聖書に秘められた真のメッセージを読み解く。

1550

## 無門関を読む
秋月《あきづき》 龍珉《りょうみん》著

無の境地を伝える禅書の最高峰を口語で読む。公案四十八則に評唱、頌を配した『無門関』は『碧巌録』と双璧をなす名著。悟りへの手がかりとされながらも、難解で知られるこの書の神髄を、平易な語り口で説く。

1568

## 一日一禅
秋月龍珉著（解説・竹村牧男）

師の至言から無門関まで、魂の禅語三六六句。柳緑花紅、照顧脚下、大道無門。禅者が、自らの存在をその一句に賭けた禅語。幾百年、師から弟子に伝わった魂に食い入る禅語三六六句を選び、一日一句を解説する。

1598

## 空の思想史　原始仏教から日本近代へ
立川武蔵著

一切は空である。仏教の核心思想の二千年史。神も世界も私すらも実在しない。仏教の核心をなす空の思想は、絶対の否定の果てに、一切の聖なる甦りを目指す。印度・中国・日本で花開いた深い思惟を追う二千年。

1600

## 正法眼蔵随聞記
山崎正一全訳注

道元が弟子に説き聞かせた学道する者の心得。修行者のあるべき姿を示した道元の言葉を、高弟懐奘が克明に筆録した法語集。実生活に即したその言葉は平易で懇切丁寧である。道元の人と思想を知るための入門書。

1622

## インド仏教の歴史　「覚り」と「空」
竹村牧男著

インド亜大陸に展開した知と静の教えを探究。菩提樹の下のブッダの正覚から巨大な「アジアの宗教」へ。悠久の大河のように長く広い流れを、寂静への「覚り」と一切の「空」というキータームのもとに展望する。

1638

## 世親
三枝《さいぐさ》充悳《みつよし》著（あとがき・横山紘一）

唯識の大成者にして仏教理論の完成者の全貌。現代の認識論や精神分析を、はるか千六百年の昔に先取りした精緻な唯識学を大成した世親。仏教理論をあらゆる面で完成に導いた知の巨人の思想と全生涯に迫る。

1642

## 宗教

### 正法眼蔵　（一）〜（八）
道元著／増谷文雄全訳注

禅の奥義を明かす日本仏教屈指の名著を解読。魂を揺さぶる迫力ある名文で仏教の本質を追究した『正法眼蔵』。浄土宗の人でありながら道元に深く傾倒した著者が繰り返し読み込み、その真髄は何かに肉迫する。

1645〜1652

### 禅学入門
鈴木大拙著（解説・田上太秀）

大文字版

禅界の巨星が初学者に向けて明かす禅の真実。外国人への禅思想の普及を図り、英語で執筆した自著を自らが邦訳。諸師家と弟子との禅問答を豊富に添えて禅の概要を懇切に説くとともに、修行の実際を紹介する。

1668

### 熊野詣　三山信仰と文化
五来《ごらい》 重《しげる》著

日本人の思想の原流・熊野。記紀神話と仏教説話、修験思想の融合が織りなす謎と幻想に満ちた聖なる空間を宗教民俗学の巨人が踏査、活写した歴史的名著の文庫化。熊野三山の信仰と文化に探るこころの原風景。

1685

### 『涅槃経』を読む　ブッダ臨終の説法
田上太秀著

いまわの際にブッダが説いた秘密の教えとは。多彩な比喩を用いた巧みな問答形式で、ブッダが自らの得た覚りを弟子たちに開示した『涅槃教』。東アジアの仏教思想に多大な影響を与えた経典の精髄を読み解く。

1686

### 聖書の読み方
北森嘉蔵著（解説・関根清三）

大文字版

聖書には多くのメッセージが秘められている。聖書に基づくケイス・スタディにより、その読み方を具体的かつ根元的なかたちで提示、聖書の魅力を浮き彫りにする。わかりづらい聖書を読み解くためのコツとは。

1756

### 道元「小参《しょうさん》・法語・普勧坐禅儀《ふかんざぜんぎ》」
大谷哲夫全訳注

仏仏祖祖の家訓をやさしく説く小参。仏道の道理を懇切に述べた法語。只管打坐、坐禅の要諦と心構えを記した普勧坐禅儀。真剣勝負に生きた道元の思想を漢文体の名文で綴った『永平広録』巻八を丁寧に解説する。

1768